# LIBRO DEI NOMI

**La raccolta completa per scegliere il nome di tuo figlio/a.**

**Scopri significato, etimologia e origine del nome del tuo neonato.**

**Meros Edizioni**

LETTERA "A"

## Abele

*Significato*: figlio; soffio vitale
*Origine:* ebraica
*Onomastico:* 9 dicembre

## Abramo

Abramina, Brian, Briano

*Significato:* padre di molte genti
*Origine:* ebraica
*Onomastico*: 9 ottobre

## Achille

Achillina, Achilla, Achillea, Achilleo

*Significato:* scuro, o anche, lupo feroce
*Origine:* pregreca
*Onomastico:* 12 maggio

## Ada

Adina, Ado, Adino

*Significato:* di nobile (o lieta) nascita
*Origine:* germanica o ebraica
Onomastico: 1° novembre

# Adalberto
Adalberta

*Significato:* splendente di nobiltà

*Origine:* germanica
*Onomastico:* 23 aprile

# Adalgisa
Adalgiso, Alcisa, Arciso, Arcisio

*Significato:* freccia che dà nobiltà
*Origine:* germanica
*Onomastico:* 20 aprile

# Adamo
Adamina

*Significato*: uomo, oppure fatto di terra
*Origine:* ebraica
*Onomastico:* 16 maggio

# Addolorata
*Vedi Dolores*

# Adelaide
Adele, Adelia, Adelina

*Significato:* che ha modi nobili
*Origine:* germanica
*Onomastico:* 16 dicembre

LETTERA "A"

## Adelchi

Adelchis

*Significato:* nobile freccia
*Origine:* germanica
*Onomastico:* 7 ottobre

## Adele

*Vedi Adelaide*

## Adelfo

Adelfa, Delfa, Delfo

*Significato:* fratello
*Origine:* greca
*Onomastico:* 29 agosto

## Adelia

*Vedi Adelaide*

## Adelmo

Adelma, Adelelmo, Adelmina, Delma, Delmo, Delmino

*Significato:* nobile protettore
*Origine:* germanica
*Onomastico:* 23 febbraio o 25 maggio

## Adolfo

Adolfa

*Significato*: nobile lupo e, per estensione, nobile guerriero
*Origine:* germanica
*Onomastico:* 27 settembre

## Adone

Adonella

*Significato:* signore; di nobili natali
*Origine:* greca o germanica
*Onomastico:* 4 o 16 dicembre

## Adriano

Adriana, Adria, Adrio

*Significato:* che proviene da Adria
*Origine:* latina
*Onomastico:* 8 settembre

## LETTERA "A"

# Adua

*Significato:* nome della capitale del Tigrè
*Origine:* etiopica
*Onomastico:* 1° novembre

# Afra

Africano, Afro

*Significato:* proveniente dall'Africa
*ORIGINE:* latina
*ONOMASTICO:* 24 maggio

# Agata

Agatina, Agatino

*Significato:* buona
*ORIGINE:* greca
*ONOMASTICO:* 5 febbraio

# Agnese

*Significato:* casta, pura
*Origine:* greca
*Onomastico:* 21 gennaio

## Agostino

*Vedi Augusto*

## Aida

Aide, Aidano, Aido

*Significato:* ella è venuta
*Origine:* egiziana
*Onomastico:* 31 agosto

## Aimone

Aimé

*Significato:* difensore della patria
*Origine:* germanica
*Onomastico:* 18 agosto

## Aladino

*Significato:* devoto alla religione
*Origine:* araba
*Onomastico:* 23 aprile

## Alba

*Significato:* bianca
*Origine:* latina
*Onomastico:* 17 gennaio

LETTERA "A"

## Albano

Albana

*Significato:* originario di Alba
*Origine:* latina
*Onomastico:* 21 giugno

## Alberico

Alberica, Alberigo

*Significato:* re degli elfi
*Origine:* germanica
*Onomastico:* 26 gennaio

## Alberto

Alberta, Albertina

*Significato:* molto illustre
*Origine:* germanica
*Onomastico:* 15 novembre

## Albina
Albino

*Significato:* cereo di carnagione o bianco di capelli
*Origine:* latina
*Onomastico:* 1° marzo

## Aldo
Alda, Aldina, Aldino

*Significato:* uomo semilibero, o anziano e saggio, o, ancora, potente
*Origine:* germanica
*Onomastico:* 10 gennaio e 18 ottobre

## Alessandro
Alessandra, Lisandro, Sandro, Sandra

*Significato:* protettore degli uomini
*Origine:* greca
*Onomastico:* 26 agosto

## Alessio
*Alessia, Alessina, Alessi*

*Significato:* difensore
*Origine:* greca
*Onomastico:* 17 luglio

**LETTERA "A"**

## Alfio

Alfia, Alfina

*Significato:* chiaro
*Origine:* greca
*Onomastico:* 10 maggio

## Alfonso

Alfonsa, Alfonsina

*Significato:* molto valoroso
*Origine:* germanica
*Onomastico:* 1° agosto

## Alfredo

Alfreda, Alfredina

*Significato:* saggio nella pace
*Origine:* germanica o sassone
*Onomastico:* 14 agosto

## Alice

Alicia

*Significato:* nobile di modi
*Origine:* germanica o greca
*Onomastico*: 5 febbraio

## Alida

Alide, Alido

*Significato:* nobile guerriera
*Origine:* germanica
*Onomastico:* 26 aprile

## Alina

*Per origine, significato e onomastico vedi il nome base*

## Alma

Almina, Almo

*Significato:* che dà la vita
*Origine:* latina
*Onomastico:* 1° novembre

LETTERA "A"

## Aloisio

Alois, Aloisia, Aloisa, Alvise

*Varianti del nome germanico Lodovico/ derivato francese Louis*

## Alvaro

Alvara

*Significato:* difensore di tutti
*Origine:* gotica
*Onomastico:* 11 giugno

## Alvise

*Vedi Aloisio*

## Amalia

Amalio, Malina

*Significato:* attiva, perseverante
*Origine:* gotica
*Onomastico:* 24 maggio

## Amanda

Amando, Amandina, Amandino

*Significato*: da amare
*Origine*: latina
*Onomastico*: 6 febbraio

## Amaranta

Amaranto

*Significato:* fiore che non appassisce
*Origine*: greca
*Onomastico*: 7 novembre

## Ambra

Ambretta

*Significato:* dotata del fascino dell'ambra
*Origine*: araba
*Onomastico*: 1° novembre

## Ambrogio

Ambrogina, Ambrosina

*Significato*: Immortale
*Origine:* greca
*Onomastico*: 7 dicembre

## LETTERA "A"

### Amedeo

Amedea, Amadeo, Amadio, Amodeo, Amodia

*Significato:* che ama Dio
*Origine:* latina
*Onomastico*: 30 marzo

### Amelia

Amelio, Amelina, Ameglio, Amelita

*Significato*: perseverante, valorosa
*Origine*: gotica o etrusca
*Onomastico*: 5 gennaio

### Amerigo

Ameriga, Americo, Almerico, Almerica

*Significato*: potente in patria
*Origine*: germanica
*Onomastico*: 15 luglio

### Amos

*Significato*: sostenuto da Dio
*Origine*: egiziana
*Onomastico:* 31 marzo

## Anacleto

Anacleta, Cleto, Cleta, Clito, Clita

*Significato:* senza peccato o atteso
*Origine:* greca
*Onomastico*: 13 luglio

## Anastasia

Anastasio

*Significato*: risorto
*Origine*: greca
*Onomastico*: 20 maggio

## Andrea

Andreina, Andreana

*Significato*: forte, virile
*Origine*: greca
*Onomastico*: 30 novembre

## Angelo

Angela, Angelina, Angiolina, Angiolo, Angiola, Angiolino

*Significato*: messaggero di Dio
*Origine*: greca
*Onomastico*: 2 ottobre: Lunedì dell'Angelo

LETTERA "A"

## Angelica

Angelico

*Significato:* messaggero di Dio
*Origine:* greca
*Onomastico*: 17 gennaio

## Anna

Anita, Annetta, Annina, Annino

*Significato*: grazia concessa da Dio
*Origine*: ebraica
*Onomastico*: 26 luglio

## Annibale

*Significato*: grazia del dio Baal
*Origine*: punica
*Onomastico*: 15 aprile

## Annunziata

**Annunciata, Nunzia, Nunzio, Nunziata**

***Significato***: colei a cui viene comunicara una buona novella
***Origine***: latina
***Onomastico***: 25 marzo

## Anselmo

Anselma, Selma

***Significato***: protetto da Dio
***Origine***: germanica
***Onomastico***: 21 aprile

## Antonio

**Antonia, Antonietta, Antonino, Antonina, Antonella**

***Significato***: che affronta, o, fiorente
***Origine***: etrusca
***Onomastico***: 17 gennaio o 13 giugno

## Apollonia

**Apollonio**

***Significato***: sacro ad Apollo
***Origine***: greca
***Onomastico***: 9 febbraio

LETTERA "A"

## Araldo

*vedi Aroldo*

## Arduino

*Significato:* amico coraggioso
*Origine*: germanica
*Onomastico*: 15 agosto

## Arialdo

*vedi Aroldo*

## Arianna

*Significato:* pura, casta
*Origine:* greca
*Onomastico*: 17 settembre

## Ariel

Ariele, Ariella

*Significato*: potente
*Origine*: ebraica
*Onomastico*: 1° ottobre

## Aristide

Aristeo, Aristidina

*Significato*: figlio di Aristeo e, dunque, figlio del migliore
*Origine*: greca
*Onomastico*: 31 agosto

## Aristotile

Aristotele

*Significato:* il migliore, il più dotato
*Origine*: greca
*Onomastico*: 1° novembre

## Armando

Armanda

*Significato:* uomo forte e audace
*Origine:* germanica
*Onomastico*: 23 dicembre

## Armida

*Significato*: guerriera
*Origine*: celtica
*Onomastico*: 1° novembre

## Arnaldo

Arnalda, Arnoldo, Ernaldo

*Significato*: dominante come un'aquila
*Origine*: germanica
*Onomastico*: 17 giugno

## Arnoldo

*vedi Arnaldo*

## Aroldo

Araldo, Arialdo, Arialda

*Significato*: comandante
*Origine*: germanica
*Onomastico*: 1° novembre

## Arrigo

*vedi Enrico*

# Artemisia

Artemisio

*Significato:* dea della natura
*Origine*: greca
*Onomastico*: 18 febbraio

# Arturo

Artura

*Significato*: pietra
*Origine*: celtica o greca
*Onomastico*: 15 novembre

# Ascanio

Ascania

*Significato*: oscuro
*Origine*: pregreca
*Onomastico*: 1° novembre

# Asia

*Significato*: interessante quanto il continente asiatico
*Origine*: greca
*Onomastico*: 27 luglio

## LETTERA "A"

## Assunta

Assuntina, Assunto, Assuntino

*Significato*: assunta al cielo
*Origine:* latina
*Onomastico*: 15 agosto

## Athos

Atos

*Significato*: avo, antenato
*Origine*: sassone
*Onomastico*: 27 aprile

## Attila

*Significato*: piccolo padre
*Origine*: germanica
*Onomastico*: 1° novembre

## Attilio

Attilia, Attiliano, Atto

*Significato*: antenato, avo
*Origine*: latina
*Onomastico*: 24 marzo

## Augusto

Augusta, Agostino

*Significato*: degno di venerazione
*Origine*: latina
*Onomastico*: 7 maggio

## Aura

Auro

*Significato*: venticello, brezza leggera
*Origine*: greca
*Onomastico*: 1° novembre

## Aurea

*Significato*: dorata, risplendente
*Origine*: latina
*Onomastico*: 24 agosto

## Aurelio

Aurelia, Aureliana, Aureliano, Relio

*Significato*: sole splendente
*Origine*: latina
*Onomastico*: 27 luglio o 12 novembre

## Aurora

Significato: splendente
*Origine*: latina
*Onomastico*: 20 ottobre

LETTERA "A"

## Azelio

Zelia, Azelia, Zelina, Azeglio, Zelio

*Significato:* incerto
*Origine:* letteraria
*Onomastico*: 1° novembre

## Azzurra

Azzurro

*Significato*: color dello zaffiro
*Origine*: persiana
*Onomastico*: 1° novembre

# B

## LETTERA "B"

## Baldassarre

Baldassare

*Significato:* Baal protegga il re
*Origine:* assiro-babilonese
*Onomastico:* 6 gennaio

## Baldo

Baldina, Baldino, Balduccio

*Significato*: coraggioso; forte
*Origine*: germanica
*Onomastico*: vedi il nome base

## Baldovino

*Significato*: amico valoroso
*Origine*: germanica
*Onomastico*: 21 agosto

## Barbara

Barbarella, Barbarina, Barberina

*Significato*: straniera (in riferimento alla lingua)
*Origine*: greca
*Onomastico*: 4 dicembre

## Barnaba

*Significato*: figlio della profezia
*Origine*: aramaica
*Onomastico*: 11 giugno

## Bartolomeo

**Bortolo, Bartolo, Bartolomea, Bartola**

*Significato*: figlio di Thalmay
*Origine*: ebraica
*Onomastico*: 24 agosto

## Basilio

**Basilia, Basile, Vassili, Wassili**

*Significato*: sovrano
*Origine*: greca
*Onomastico*: 2 gennaio

## Battista

**Battistina, Battistino, Titti, Titta**

*Significato*: che battezza
*Origine*: greca
*Onomastico*: 24 giugno (natività) e 29 agosto (martirio)

# B

LETTERA "B"

## Beatrice

**Bice, Bea**

*Significato*: che dà beatitudine
*Origine*: latina
*Onomastico*: 18 gennaio o 29 luglio

## Benedetto

**Benedetta, Bettino, Benito**

*Significato*: che augura il bene
*Origine*: latina
*Onomastico*: 21 marzo

## Beniamino

**Beniamina**

*Significato*: figlio prediletto
*Origine*: ebraica
*Onomastico*: 31 marzo

## Benito

*vedi Benedetto*

# Benvenuto

**Benvenuta**

*Significato*: benedetto chi viene
*Origine*: latina
*Onomastico*: 2 dicembre

# Bladina

*Significato*: dolce, mansueta
*Origine*: latina
*Onomastico*: 2 giugno

# Bonaventura

*Significato*: è augurio di fortuna e felicità
*Origine*: medievale
*Onomastico*: 15 luglio

# Bonifacio

**Bonifazio, Fazio, Fazia**

*Significato*: che abbia destino felice
*Origine*: latina
*Onomastico*: 8 maggio

# Boris

*Significato*: che acquista gloria combattendo
*Origine*: slava
*Onomastico*: 10 dicembre

B

LETTERA "B"

## Brigida

Brigitte, Brigitta, Birgitta

*Significato*: eccelsa
*Origine*: celtica
*Onomastico*: 1° febbraio

## Bruno

Bruna, Brunella, Brunetta, Brunone

*Significato*: scuro, bruno
*Origine*: germanica
*Onomastico*: 6 ottobre

## LETTERA "C"

### Caio

Gaio, Gaia

*Significato:* ghiandaia
*Origine:* latina
*Onomastico*: 10 marzo

### Callisto

Calisto

*Significato*: bellissimo
*Origine:* greca
*Onomastico*: 14 ottobre

### Calogero

*Significato*: bel vecchio
*Origine*: greca
*Onomastico*: 18 giugno

### Camillo

Camilla, Milla

*Significato*: ministro di Dio, o, fanciullo
*Origine*: latina
*Onomastico*: 14 luglio

## Candida

Candido

*Significato*: pura, chiara
*Origine*: latina
*Onomastico*: 10 settembre

## Carina

Carino, Carissima, Carissimo

*Significato*: amato, diletto
*Origine*: latina
*Onomastico*: 7 novembre

## Carlo

Carla, Carlotta, Carletto, Carlina, Carola, Carolina

*Significato*: uomo di condizione libera
*Origine*: germanica
*Onomastico*: 4 novembre

## Carmela

Carmelo, Carmine, Carmen, Carmelina, Carmelita

*Significato*: giardino
*Origine*: ebraica
*Onomastico*: 16 luglio

## LETTERA "C"

# Casimiro

*Significato*: illustre nel comandare
*Origine*: polacca
*Onomastico*: 4 marzo

# Cassandra

*Significato*: persona straordinaria
*Origine*: greca
*Onomastico*: 1° novembre

# Cassio

Cassia, Cassiano

*Significato*: elmo metallico, oppure eccelso
*Origine*: etrusca
*Onomastico*: 29 giugno

# Caterina

Catia (Katia), Catterina, Rina, Caterino

*Significato*: pura, senza peccato
*Origine*: greca
*Onomastico*: 29 aprile o 25 novembre

## Cecilia

Cecilio

*Significato*: incerto (forse invisibile)
*Origine*: etrusca
*Onomastico*: 22 novembre

## Celeste

Celestina, Celestino

*Significato*: venuto dal cielo
*Origine*: latina
*Onomastico*: 6 aprile

## Celina

*Vedi Marcello*

## Cesare

Cesarina, Cesario, Cesarea, Cesareo, Cesara, Cesira

*Significato*: dagli occhi cerulei
*Origine*: etrusca
*Onomastico*: 9 dicembre

## Chantal

*Significato*: pietra
*Origine*: francese
*Onomastico*: 21 agosto

## LETTERA "C"

# Cherubina

Cherubino

*Significato*: spirito celeste (che prega, orante)
*Origine*: ebraica
*Onomastico*: 20 febbraio

# Chiara

Clara, Clarice, Clarissa

*Significato*: limpida, illustre
*Origine*: latina
*Onomastico*: 11 agosto

# Cino

***Vedi nome base***

# Cinzia

Cintia, Cinzio

*Significato*: nata sul monte Cinto
*Origine*: greca
*Onomastico*: 18 febbraio o 23 maggio

## Cipriano

*Significato*: originario di Cipro
*Origine*: greca
*Onomastico*: 16 settembre

## Ciriaco

Ciriaca, Cirillo, Cirilla

*Significato*: del Signore
*Origine*: greca
*Onomastico*: 16 marzo o 8 agosto

## Ciro

Cirino, Cirina

*Significato*: padrone, signore
*Origine*: persiana
*Onomastico*: 31 gennaio

## Clara

*Vedi Chiara*

## Clarice

*Vedi Chiara*

LETTERA "C"

# Claudio

Claudia, Claudiano, Claudina, Clodia, Clodio

*Significato*: zoppicante
*Origine*: latina
*Onomastico*: 18 febbraio

# Clelia

*Significato*: famosa
*Origine*: latina
*Onomastico*: 3 settembre

# Clemente

Clementina

*Significato*: mite, indulgente
*Origine*: latina
*Onomastico*: 23 novembre

# Cleofe

*Vedi Cleopatra*

## Cleonice

*Significato:* famosa per la vittoria
*Origine*: greca
*Onomastico*: 3 marzo

## Cleopatra

Clea, Cleo, Cleofe

*Significato*: di stirpe illustre
*Origine*: greca
*Onomastico*: 19 ottobre

## Clio

*Significato*: che dà fama
*Origine*: greca
*Onomastico*: 1° novembre

## Clodio *vedi Claudio*

## Cloe

*Significato*: germoglio, erba appena spuntata
*Origine*: greca
*Onomastico*: 1° novembre

LETTERA "C"

## Clori

*Significato*: giovane virgulto di color verde chiaro
*Origine*: greca
*Onomastico*: 1° novembre

## Clorinda

*Significato*: giovane guerriera
*Origine*: letteraria
*Onomastico*: 1° novembre

## Clotilde

*Significato*: illustre in battaglia
*Origine:* germanica
*Onomastico*: 3 giugno

## Coletta

Colette

*Vedi Nicola*

## Colomba

Colombo, Colombina, Colombano

*Significato*: colomba, simbolo di libertà e purezza
*Origine*: latina
*Onomastico*: 19 febbraio

## Concetta

Concettina, Concetto, Concezio, Concessa, Concita

*Significato*: concepita senza peccato originale
*Origine*: latina
*Onomastico*: 8 dicembre

## Consolata

Consolato, Consuelo, Consolazione, Consolina, Consolo

*Significato*: consacrata alla Madonna della Consolazione
*Origine*: latina
*Onomastico*: 5 dicembre

## Consulo

*Corrispondente spagnolo di Consolata (vedi).*

## Cora

*Significato*: fanciulla, figlia
*Origine*: greca
*Onomastico*: 14 maggio

# Cordelia

*Significato*: persona molto cara (persona di cuore)
*Origine*: latina
*Onomastico*: 1° novembre

# Corinna

*Per significato e onomastico, vedi Cora*

# Cornelia

Cornelio

*Significato*: abbondanza
*Origine*: latina
*Onomastico*: 2 febbraio e 31 marzo

# Corrado

Corradino, Corradina, Corrada

*Significato*: audace e saggio consigliere
*Origine*: germanica
*Onomastico*: 19 febbraio

# Cosimo

*Vedi Cosma*

# Cosma

Cosimo, Cosima, Cosmo, Cusmano, Cusumano, Gusmano

*Significato*: ornato, armonioso
*Origine*: greca
*Onomastico*: 27 settembre

# Costante

Costantino, Costanza, Costanzo

*Significato*: risoluto, fermo
*Origine*: latina
*Onomastico*: 29 gennaio

# Crescenzo

*Vedi Efrem*

# Cristiano

Cristiana

*Significato*: seguace di cristo
*Origine*: greca
*Onomastico*: 15 dicembre o 12 novembre

LETTERA "C"

# Cristina

*Significato*: consacrata a cristo
*Origine*: greca
*Onomastico*: 13 marzo e 24 luglio

# Cristoforo

*Significato*: che porta cristo
*Origine*: greca
*Onomastico*: 25 luglio

# Cunegonda

*Significato*: di stirpe guerriera
*Origine*: germanica
*Onomastico*: 3 marzo

# Curizio

Curzia

*Significato*: corto
*Origine*: latina
*Onomastico*: 1° novembre

# D

LETTERA "D"

## Dafne

Daphne

*Significato*: alloro, lauro
*Origine:* greca
*Onomastico*: 1° novembre

## Dalia

*Significato*: bella quanto il fiore messicano
*Origine*: scandinava
*Onomastico*: 1° novembre

## Dalila

*Significato*: povera, misera
*Origine*: ebraica
*Onomastico*: 1° novembre

## Dalma

*Vedi Alma e Ida*

## Dalmazia

Dalmazio, Dalmazzo

*Significato*: originario della dalmazia
*Origine*: latina
*Onomastico*: 3 agosto

## Damiano

Damiana

*Significato*: che sottomette
*Origine*: greca
*Onomastico*: 27 settembre

## Daniele

Daniela, Danilo, Danila, Dania

*Significato*: dio è il mio giudice
*Origine*: ebraica
*Onomastico*: 21 luglio

## Dante

Dantina, Durando

*Significato*: fermo, risoluto
*Origine*: latina
*Onomastico*: 23 gennaio

# LETTERA "D"

## Dario

Daria

*Significato*: che mantiene il bene
*Origine*: persiana
*Onomastico*: 19 dicembre

## Davide

David, Davisa, Davidina

*Significato*: amato
*Origine*: ebraica
*Onomastico*: 29 dicembre

## Debora

Deborah

*Significato*: ape
*Origine*: ebraica
*Onomastico*: 1° novembre

## Decio

Decimo

*Significato*: decimo figlio
*Origine*: latina
*Onomastico*: 30 marzo e 27 agosto

# Delfina

Delfino

*Significato*: Delfino, erede al trono di Francia o originario di Delfi
***Origine***: greca
***Onomastico***: 24 dicembre

# Delia

Delio

*Significato*: nata a Delo (chiara)
***Origine***: greca
***Onomastico***: 1° novembre

# Demetrio

Demetria, Dimitri

*Significato*: sacro a Demetra, dea dell'agricoltura
***Origine***: greca
***Onomastico***: 26 ottobre, 22 dicembre o 21 giugno

# Demo

***Per origine, significato e onomastico vedi i nomi base***

# Democrito

*Significato*: giudice del popolo
***Origine***: greca
***Onomastico***: 31 luglio

LETTERA "D"

# Demostene

*Significato*: potente in patria
*Origine*: greca
*Onomastico*: 1° novembre

# Denis

Denise, Denisio

*Vedi Dionisio*

# Desdemona

*Significato*: che ha gli dèi avversi
*Origine*: letteraria
*Onomastico*: 1° novembre

# Desiderio

Desideria, Desio, Derio, Desidera, Dera, Derina

*Significato*: nostalgia, bruma
*Origine*: latina
*Onomastico*: 23 maggio

## Diamante

*Significato*: forte, trasparente e luminoso come il diamante
*Origine*: greca
*Onomastico*: 1° novembre

## Diana

*Significato*: luminosa, splendente
*Origine*: latina
*Onomastico*: 10 giugno

## Diego

*Significato*: istruito, indottrinato
*Origine*: greca
*Onomastico*: 12 o 13 novembre

## Diletta

Diletto

*Significato*: figlio prediletto, molto amato
*Origine*: latina
*Onomastico*: 1° novembre

## Dimitri

*Vedi Demetrio*

LETTERA "D"

## Dino

Dina

***Per origine, significato e onomastico vedi i nomi base***

## Diodoro

Diodora

*Significato*: dono di dio
*Origine*: greca
*Onomastico*: 17 gennaio

## Diogene

*Significato*: generato dal dio zeus
*Origine*: greca
*Onomastico*: 6 aprile

## Dionisio

Dionigi, Denis, Denise, Denisio, Dionisia, Dionigio, Dionigia

*Significato:* figlio di zeus
Origine: greca
Onomastico: 9 ottobre

# Diva

Divo, Divina

*Significato*: divina, celeste
*Origine*: latina
*Onomastico*: 1° novembre

# Dolores

*Significato*: provata dal dolore
*Origine*: latina
*Onomastico*: 15 settembre

# Domenico

Domenica, Domenichina, Menica, Menico, Mimmo

*Significato*: dedicato al signore
*Origine*: latina
*Onomastico*: 8 agosto o 6 luglio

# Domitilla

Domizio, Domiziano, Domizia

*Significato*: obbediente, mansueta
*Origine*: latina
*Onomastico*: 23 marzo o 12 maggio

D

LETTERA "D"

## Donato

Donatella, Donata, Donatello, Donatina, Donatilla

*Significato*: donato da dio
*Origine*: latina
*Onomastico*: 7 agosto

## Dora

Dorina, Dorino, Doretta, Doro

*Significato*: dono, regalo (di dio)
*Origine*: greca
*Onomastico*: 1° aprile

## Doralice

*Significato*: dono del mare
*Origine*: greca
*Onomastico*: 1° novembre

## Doriana

Doriano, Doria, Dorinda

*Significato*: precisa come l'oro (nativa della doride)
*Origine*: incerta
*Onomastico*: 1° novembre

## Doris

Doride, Dori

*Significato*: proveniente dalla doride
*Origine*: greca
*Onomastico*: 1° novembre

## Dorotea

Dorothea, Doroteo

*Significato*: dono di dio
*Origine*: greca
*Onomastico*: 6 febbraio

## Duilio

Duilia, Dovilio, Dovilia

*Significato*: guerriero valoroso
*Origine*: latina
*Onomastico*: 18 dicembre

# 8

# Ebe

*Significato:* giovinezza
*Origine:* greca
*Onomastico:* 25 agosto

# Edda

Eddo

*Significato*: battaglia (poesia)
*Origine*: danese
*Onomastico*: 15 ottobre

# Edera

Edra, Ederina, Edero, Ederino

*Significato*: fedele, costante
*Origine*: ideologica o augurale
*Onomastico*: 1° novembre

# Edgardo

Edgarda

*Significato*: potente con la lancia
*Origine*: anglosassone
*Onomastico*: 8 luglio

# Edi

Eddy, Eddi, Edy

*Per significato, origine e onomastico vedi i nomi base*

LETTERA "E"

# Edilio

Edilia, Dilia, Dilio, Diliana, Eduilio

*Significato*: nobile
*Origine*: germanica
*Onomastico*: 24 febbraio

# Edith

*Significato*: che lotta per la felicità
*Origine*: anglosassone
*Onomastico*: 16 settembre

# Edmondo

Edmea, Edmo, Edmonda, Edmeo

*Significato*: difensore dei beni
*Origine*: anglosassone
*Onomastico*: 20 novembre

# Edoardo

Eduardo, Odoardo, Edoarda, Eduarda

*Significato*: che vigila sui beni
*Origine*: anglosassone
*Onomastico*: 5 gennaio

## Edvige

Edwige

*Significato*: battaglia sacra
*Origine*: germanica
*Onomastico*: 16 ottobre

## Efrem

Effrem, Efren, Efro

*Significato*: che (il neonato) possa crescere
*Origine*: ebraica
*Onomastico*: 18 giugno

## Egeo

Egea

*Significato*: onde (tempesta)
*Origine*: pregreca o greca
*Onomastico*: 1° novembre

## Egidio

Egidia, gilio, gilia, egilio, zilia, zilla

*Significato*: caprettto; proveniente dall'egeo
*Origine*: greca
*Onomastico*: 1° settembre

# E

LETTERA "E"

## Egisto

*Significato*: forte come una quercia
*Origine*: greca
*Onomastico*: 7 dicembre

## Egle

*Significato*: splendente
*Origine*: greca
*Onomastico*: 1° novembre

## Elba

Ilvia, Ilvia, Ilvo, Ilvio

*Significato*: nativa dell'elba
*Origine*: etnica (latina)
*Onomastico*: 1° novembre

## Elda

*Vedi Ilda*

## Elena

Eleno

*Significato*: splendente come il sole
*Origine*: greca
*Onomastico*: 18 agosto

## Eleonora

Norina, Nora, Leonora, Norino, Norio

*Significato*: oscuro
*Origine*: forse provenzale
*Onomastico*: 21 febbraio

## Eletta

Eletto

*Significato*: prediletta, scelta
*Origine*: latina
*Onomastico*: 1° novembre

## Elettra

*Significato*: fulgida, risplendente
*Origine*: greca
*Onomastico*: 1° novembre

E

LETTERA "E"

## Elfo

Elfa, Elfio

*Significato*: divinità della natura
*Origine*: scandinava
*Onomastico*: 1° novembre

## Elga

*Significato*: santa
*Origine*: germanica
*Onomastico*: 1° gennaio

## Elia

Elias

*Significato*: il vero dio è jahvè
*Origine*: ebraica
*Onomastico*: 20 luglio

## Eliana

*Figlia di Elio (vedi)*

# Elide

Elidia, Elida, Elidio, Elido, Ellida

*Significato*: nativo dell'elide
*Origine*: greca
*Onomastico*: 1° novembre

# Eligio

Eligia, Ligia

*Significato*: prescelto
*Origine*: latina
*Onomastico*: 1° dicembre

# Elio

Eliana, Eliano

*Significato*: sole, o figlio di elio
*Origine*: greca
*Onomastico*: 19 settembre

# Eliodoro

*Significato*: dono del sole
*Origine*: greca
*Onomastico*: 3 luglio

## Elisa

Eliseo

*Significato*: Dio è salvezza e perfezione
*Origine*: ebraica
*Onomastico*: 26 e 14 giugno

## Elisabetta

Elisa, Lisetta, Lisa, Elisio, Betta, Isa

*Significato*: Dio è salvezza e perfezione
*Origine*: ebraica
*Onomastico*: 5 novembre

## Eliseo

*Vedi Elisa*

## Eloisa

Eliosia

*Significato*: gloriosa in battaglia
*Origine*: franco-germanica
*Onomastico*: 11 febbraio

## Elpidio

Elpidia

*Significato*: speranza
*Origine*: greca
*Onomastico*: 2 settembre

## Elsa

*Significato*: dio è perfezione
*Origine*: ebraica
*Onomastico*: 4 gennaio

## Elvezia

Elvezio

*Significato*: nativo dell'Elvezia
*Origine*: latina
*Onomastico*: 1° novembre

## Elvina

Elvino

*Significato*: amico degli elfi
*Origine*: danese
*Onomastico*: 1° novembre

LETTERA "E"

## Elvio

Elvia, Elva, Elvidio, Elvina, Elvino

*Significato*: di colore giallo rossastro
*Origine*: latina
*Onomastico*: 27 ottobre

## Elvira

*Significato*: amica della lancia
*Origine*: germanica
*Onomastico*: 27 gennaio

## Emanuele

Emanuele, Emanuella, Manuela, Manola, Manolo

*Significato*: dio è con noi
*Origine*: ebraica
*Onomastico*: 26 marzo

## Emidio

Emiddio, Emidia

*Significato*: oscuro
*Origine*: ignota
*Onomastico*: 5 agosto

## Emilio

Emilia, Emiliano, Emilietta

*Significato*: rivale, antagonista
*Origine*: latina
*Onomastico*: 28 maggio

## Emma

*Significato*: potente; lupo
*Origine*: germanica
*Onomastico*: 19 aprile

## Enea

*Significato*: che incute terrore
*Origine*: greca
*Onomastico*: 20 gennaio

## Ennio

Ennia

*Significato*: predestinato
*Origine*: latina
*Onomastico*: 1° novembre

## Enrico

Enrica, Enrichetta, Errico, Arrigo

*Significato*: ricco e potente in patria
*Origine*: germanica
*Onomastico*: 15 luglio

## Enzo

Enza

*Per significato, origine e onomastico vedi la forma base*

## Epifanio

Epifania

*Significato*: visibile, che si manifesta
*Origine*: greca
*Onomastico*: 21 gennaio

## Eraldo

Eralda, Erardo

*Significato*: guerriero valoroso
*Origine*: germanica
*Onomastico*: 25 giugno

## Erasmo

Ermo, Elmo, Elma, Telmo, Telma

*Significato*: amato, desiderato
*Origine*: greca
*Onomastico*: 2 giugno

## Ercole

Ercolina, Ercolino, Ercolano

*Significato*: famoso grazie alla dea era
*Origine*: greca
*Onomastico*: 12 agosto

## Erica

Erica, Erik

*Significato*: signora, padrona
*Origine*: germanica
*Onomastico*: 18 maggio

## Ermanno

Ermanna, Ermando, Ermano, Ermana

*Significato*: uomo libero, combattente
*Origine*: germanica
*Onomastico*: 7 aprile

## Ermelinda

*Vedi Melinda*

## Ermenegildo

Gilda, Gildo, Ermenegilda, Egilda, Zilda

*Significato*: forte e valente nei sacrifici
*Origine*: gotica
*Onomastico*: 13 aprile

# E

LETTERA "E"

## Ermengarda

*Vedi Irma*

## Ermes

Ermete, Hermes, Ermetina

*Significato*: che annuncia
*Origine*: greca
*Onomastico*: 4 gennaio

## Erminio

Erminia, Ermina, Erminio, Mina

*Significato*: potente
*Origine*: incerta
*Onomastico*: 25 agosto o 25 aprile

## Ernesto

Ernesta, Ernestina, Erna, Ernestino

*Significato*: onesto, serio
*Origine*: germanica
*Onomastico*: 7 novembre

## Eros

Heros

*Significato*: amore
*Origine*: greca
*Onomastico*: 24 giugno

## Ersilia

Ersilio

*Significato*: rugiada
*Origine*: etrusca
*Onomastico*: 1° novembre

## Esmeralda

## Ester

Esterina, Esther, Esterino

*Significato*: stella
*Origine*: assira
*Onomastico*: 1° luglio

## Ettore

Ettorina

*Significato*: guida del popolo
*Origine*: greca
*Onomastico*: 20 giugno

# E

LETTERA "E"

## Euclide

*Significato*: che gode buona fama
*Origine*: greca
*Onomastico*: 1° novembre

## Eufemia

Eufemio, Eufelia, Eufelio

*Significato*: che dice bene; di buon augurio
*Origine*: greca
*Onomastico*: 16 settembre

## Eugenio

Eugenia

*Significato*: ben nato, di nobili natali
*Origine*: greca
*Onomastico*: 17 novembre

## Eulalia

*Significato*: che parla bene
*Origine*: greca
*Onomastico*: 12 febbraio

## Eusebio

Eusebia, Eusepio

*Significato*: pio, devoto
*Origine*: greca
*Onomastico*: 26 settembre

## Eustachio

*Significato*: che produce buoni frutti
*Origine*: greca
*Onomastico*: 20 settembre

## Eva

Evi, Evo, Evita

*Significato*: madre del genere umano
*Origine*: ebraica
*Onomastico*: 6 settembre

## Evaristo

Evarista, Varisto

*Significato*: che piace molto
*Origine*: greca
*Onomastico*: 26 ottobre

E

LETTERA "E"

## Evelina

Evelino, Avelina, Avellino, Evelia, Avelino, Averino

*Significato*: ringraziamento
*Origine*: anglosassone
*Onomastico*: 1° novembre

## Everardo

Eberardo

*Significato*: forte come un cinghiale
*Origine*: germanica
*Onomastico*: 22 giugno

## Ezio

Ezia

*Significato*: aquila
*Origine*: greca
*Onomastico*: 6 marzo

# F

# F

**LETTERA "F"**

## Fabiana

Fabiano

*Significato*: figlio di Fabio
*Origine:* latina
*Onomastico*: 20 gennaio

## Fabio

Fabiola, Fabia

*Significato*: fava
*Origine*: latina
*Onomastico*: 31 luglio

## Fabrizio

Fabrizia

*Significato*: artigiano, fabbro
*Origine*: latina
*Onomastico*: 22 agosto

## Fara

*Significato*: corpo di spedizione
*Origine*: germanica
*Onomastico*: 7 dicembre

## Fatima

Fatma

*Significato*: nutrice
*Origine*: araba
*Onomastico*: 1° novembre

## Fausto

Fausta, Faustina, Faustino

*Significato*: favorevole, benigno
*Origine*: latina
*Onomastico*: 15 febbraio e 19 dicembre

## Febo

Febea, Febe

*Significato*: luminoso, risplendente
*Origine*: greca
*Onomastico*: 3 settembre

## Fede

Fides

*Significato*: fedeltà, fiducia
*Origine*: latina
*Onomastico*: 1° agosto

LETTERA "F"

# Fedele

Fedela, Fedelina, Fidelio

*Significato*: che mantiene la parola data
*Origine*: latina
*Onomastico*: 13 marzo

# Federico

Federica, Federiga, Federigo

*Significato*: capace di garantire la pace
*Origine*: germanica
*Onomastico*: 18 luglio

# Fedora

Fedoro

*Significato*: dono di dio
*Origine*: russa
*Onomastico*: 6 febbraio

# Felice

Felicia, Felicina, Felicetta, Feliciano, Feliciana

*Significato*: soddisfatto, beato
*Origine*: latina
*Onomastico*: 14 gennaio

# Felicita

Felicità

*Significato*: augurio di benessere
*Origine*: latina
*Onomastico*: 23 novembre

# Ferdinando

Fernanda, Fernando, Nando, Nanda

*Significato*: che combatte con audacia per la pace
*Origine*: germanica
*Onomastico*: 30 maggio

# Fermo

Firmina, Firmino, Fermina, Ferminìa, Fermino, Firmo, Firmìnia

*Significato*: perseverante, risoluto
*Origine*: latina
*Onomastico*: 9 agosto

# Ferruccio

Ferruccia

*Significato*: di ferro
*Origine*: latina
*Onomastico*: 16 giugno

F

LETTERA "F"

# Fiammetta

Fiamma

*Significato*: splendente e vivace come la fiamma
*Origine*: medievale
*Onomastico*: 1° novembre

# Fidelia

Fidelio

*Variante di Fedele (vedi)*

# Filiberto

Filiberta

*Significato*: molto famoso
*Origine*: germanica
*Onomastico*: 20 agosto

# Filippo

Filippa, Filippina, Filipponeri

*Significato*: che ama i cavalli
*Origine*: greca
*Onomastico*: 26 maggio

# Filomena

Filomeno

*Significato*: perseverante nell'amore, amante del canto
*Origine*: greca
*Onomastico*: 5 luglio

# Fiore

Fiorella, Fiorina, Fiorino, Fiorello, Fiora, Fiorangela, Fiorita

*Significato*: che possiede la bellezza dei fiori
*Origine*: latina
*Onomastico*: 31 dicembre

# Fiorenzo

Fiorenza, Fiorentina, Fiorentino, Florenzo, Florenza

*Significato*: fiorente, prospero, o, nativo di firenze
*Origine*: latina
*Onomastico*: 14 febbraio

# Flaminio

Flaminia

*Significato*: sacerdote
*Origine*: latina
*Onomastico*: 2 maggio

# F

LETTERA "F"

## Flavio

Flaviano, Flavia, Flaviana

*Significato*: biondo
*Origine*: latina
*Onomastico*: 22 giugno

## Flora

Floriana, Floriano, Florina, Florindo, Florio, Floria, Florida, Flores, Floris

*Significato*: nome della dea dei fiori e della primavera
*Origine*: latina
*Onomastico*: 24 novembre

## Folco

Fulco

*Significato*: difensore del popolo
*Origine*: germanica
*Onomastico*: 22 maggio

## Fortunato

Fortunata, Fortuna

*Significato*: favorito dalla sorte
*Origine*: latina
*Onomastico*: 6 dicembre

## Fosco

Fosca, Foscolo, Fusco, Foscarina, Foscaro

*Significato*: fosco, oscuro
*Origine*: latina
*Onomastico*: 13 febbraio

## Francesco

Francesca, Francisca, Cesco, Cecchina, Chino, Cecco, Checco, Ciccio

*Significato*: nativo della Francia
*Origine*: germanica
*Onomastico*: 4 ottobre

## Franco

Franca, franchina, franchino

*Significato*: uomo di condizione libera
*Origine*: germanica
*Onomastico*: 25 aprile e 12 settembre

# F

LETTERA "F"

## Frediano

Frediana

*Significato*: amante della pace
*Origine*: germanica
*Onomastico*: 18 marzo

## Fulgenzio

Fulgenzia

*Significato*: splendente, brillante
*Origine*: latina
*Onomastico*: 1° gennaio

## Fulvio

Fulvia, fulviano, fulvo

*Significato*: fulvo, biondo tendente al rosso
*Origine*: latina
*Onomastico*: 7 maggio

## Furio

Furia

*Significato*: in preda al furore
*Origine*: latina
*Onomastico*: 1° novembre

a

# G

LETTERA "G"

## Gabriele

Gabriella, Gabriela, Gabriello, Gabbriello, Gabbriella, Gabriel

*Significato:* Dio è forte; uomo di Dio
*Origine:* ebraica
*Onomastico*: 24 marzo

## Gaddo

*Vedi Gerardo*

## Gaetano

Gaetana, Gaetanina

*Significato*: nativo di Gaeta
*Origine:* latina
*Onomastico*: 7 agosto

## Gaia

Gaio

*Vedi Caio*

## Galdino

Galdina

*Significato*: comandante
*Origine:* germanica
*Onomastico*: 18 aprile

## Galeazzo

*Significato*: munito di elmo; lieto
*Origine*: latina o sassone
*Onomastico*: 5 novembre

## Galileo

Galilea

*Significato*: nativo della galilea
*Origine*: ebraica
*Onomastico*: 1° novembre

## Gandolfo

*Significato*: lupo dotato di poteri magici
*Origine*: germanica
*Onomastico*: 3 aprile

## Gaspare

Gasperina, Gàspero, Gàspara, Gasparre

*Significato*: splendente
*Origine*: iranica
*Onomastico*: 6 gennaio

## LETTERA "G"

# Gastone

*Significato*: ospite, straniero; abitante della guascogna
*Origine*: germanica
*Onomastico*: 6 febbraio

# Gaudenzio

Gaudenzia, Gaudenziana, Gaudenzo

*Significato*: allegro, felice
*Origine*: latina
*Onomastico*: 22 gennaio

# Gavino

Gavina, Gabinio, Gabino

*Significato*: nativo di gabi
*Origine*: latina
*Onomastico*: 25 ottobre

# Gelindo

Zelinda, Zelindo, Gelinda

*Significato*: scudo di legno di tiglio
*Origine*: incerta, forse germanica
*Onomastico*: 1° novembre

## Gelsomina

Gelsomino, Gelsa, Gelsina

*Significato*: augurio di possedere la bellezza
*Origine*: persiana
*Onomastico*: 1° novembre

## Geltrude

Gertrude

*Significato*: amica della lancia
*Origine*: germanica
*Onomastico*: 16 novembre

## Gemma

Gemmina, Gemmino

*Significato*: germoglio, e, pietra preziosa
*Origine*: latina
*Onomastico*: 11 aprile

## Gennaro

Gennarina, Gennarino, Gennara

*Significato*: sacro al dio giano
*Origine*: latina
*Onomastico*: 19 settembre

LETTERA "G"

## Genoveffa

Geneviève, Genoeffa

*Significato*: donna di stirpe nobile
*Origine*: franco-germanica
*Onomastico*: 3 gennaio

## Gentile

Gentilina, Gentilia

*Significato*: di animo nobile, cortese
*Origine*: latina
*Onomastico*: 5 settembre

## Gerardo

Gerardina, Gherardo, Geraldina, Geraldo, Gaddo, Gelardo

*Significato*: abile con la lancia
*Origine*: germanica
*Onomastico*: 30 ottobre

## Geremia

*Significato*: dio ha salvato
*Origine*: ebraica
*Onomastico*: 1° maggio

# Germana

Germano, Germania, Germanico, Germanio

*Significato*: nativo della germania; fratello nella fede
*Origine*: latina
*Onomastico*: 31 luglio

# Giacobbe

*Vedi Giacomo*

# Giacomo

Giacoma, Giacomino, Giacomina, Iacopo, Jacopo, Giacobbe, Iapo, Puccio

*Significato*: dio ha protetto
*Origine*: ebraica
*Onomastico*: 25 luglio

# Giada

*Significato*: bella quanto la giada, pietra dura e lucente
*Origine*: spagnola
*Onomastico*: 1° novembre

# Gigliola

Giglio, giliola, giglia, giliana

*Significato*: bella come un giglio
*Origine*: latina o francese
*Onomastico*: 1° novembre

# G



## Gilberto

Gilberta, Gisberto, Giliberto, Egilberto, Ciliberto

*Significato*: famoso per l'abilità nell'uso di lancia e frecce
*Origine*: germanica
*Onomastico*: 4 febbraio

## Gilda

*Vedi Ermenegilda*

## Gillo

*Vedi Egidio*

## Ginevra

*Significato*: spirito luminoso; splendente tra gli elfi
*Origine*: celtica
*Onomastico*: 2 aprile

## Gino

Gina, Ginetta, Ginetto

***Per origine, significato e onomastico vedi il nome base***

## Gioacchino

*Significato*: dio mette sulla buona strada
*Origine*: ebraica
*Onomastico*: 16 agosto

## Giobbe

*Significato*: messo alla prova da dio
*Origine*: ebraica
*Onomastico*: 10 maggio

## Gioconda

Giocondo

*Significato*: lieto, allegro
*Origine*: latina
*Onomastico*: 25 novembre

## Gioele

Gioela

*Significato*: jahvè è il solo dio
*Origine*: ebraica
*Onomastico*: 13 luglio

# G

LETTERA "G"

## Gioia

Gioietta, Gioiella, Gioiosa, Zoia

*Significato*: piena di felicità
*Origine*: medievale
*Onomastico*: 15 dicembre

## Gioia

Iona

*Significato*: colomba
*Origine*: ebraica
*Onomastico*: 21 settembre

## Giordano

Giordana

*Significato*: fiume che scorre presso Dan
*Origine*: ebraica
*Onomastico*: 5 settembre

## Giorgio

Giorgina, giorgia, georgia

*Significato*: che lavora la terra, agricoltore
*Origine*: greca
*Onomastico*: 23 aprile

## Giosuè

Geguèle, Gìosue, Gesuè, Gesuèla, Gesuella

*Significato*: dio salva
*Origine*: ebraica
*Onomastico*: 1° settembre

## Giovanni

Gianni, Giovanni Battista, Giovanna, Gianna, Giobatta, Vanni, Giovannella, Nanni, Zani

*Significato*: dio ha avuto misericordia
*Origine*: ebraica
*Onomastico*: 24 giugno

## Girolamo

Gerolamo, Girolama, Gerolama, Geronima, Geronimo

*Significato*: nome sacro
*Origine*: greca
*Onomastico*: 30 settembre

## Gisella

Gisela, Giselda

*Significato*: lancia o freccia
*Origine*: germanica
*Onomastico*: 7 o 19 maggio

**LETTERA "G"**

## Giuditta

Judith

*Significato*: giudea, ebrea
*Origine*: ebraica
*Onomastico*: 16 giugno

## Giuliano

*Vedi Giulio*

## Giulio

Giulia, Giuliano, Giuliana, Giulietta, Giulio Cesare, Julia, Zulino

*Significato*: sacro a Giove, dedicato a giove
*Origine*: latinG
*Onomastico*: 12 aprile o 22 maggio

## Giuseppe

Giuseppina, Pina, Pinuccia, Peppino, Beppino, Pino, Giuseppino, Giusì, Beppe

*Significato*: dio accresca la famiglia
*Origine*: ebraica
*Onomastico*: 19 marzo

## Giusto

Giustina, Giustino

*Significato*: che agisce rettamente
*Origine*: latina
*Onomastico*: 3 novembre

## Glauco

Glauca

*Significato*: scintillante; di colore verde-azzurro
*Origine*: greca
*Onomastico*: 1° novembre

## Gloria

Gloriana, Gloriano, Glori

*Significato*: augurio di onore universale
*Origine*: latina
*Onomastico*: 1° novembre

## Goffredo

Goffreda, Golfredo, Giuffrida

*Significato*: che è in pace con dio
*Origine*: germanica
*Onomastico*: 8 novembre

LETTERA "G"

## Gottardo

*Significato*: forte con l'aiuto di dio
*Origine*: germanica
*Onomastico*: 5 maggio

## Grazia

Graziella, Graziano, Graziana, Graziosa

*Significato*: augurio di possedere grazia; devozione alla madonna delle grazie
*Origine*: latina
*Onomastico*: 2 luglio

## Gualtiero

Gualtiera, Gualtieri, Gualterio

*Significato*: che comanda sull'esercito, o sul popolo
*Origine*: germanica
*Onomastico*: 5 giugno

# Guendalina

Guenda, Wendy

*Significato*: chiara, risplendente
*Origine*: gallese
*Onomastico*: 4 ottobre

# Guglielmo

Guglielmina, Guglielma, Gelmina, Villelma, Villelmo, Zelma, Memi, Memmo

*Significato*: uomo protetto dalla sua volontà
*Origine*: germanica
*Onomastico*: 10 febbraio

# Guido

Guidina, Guia, Guidone, Guidino, Guiduccio

*Significato*: foresta, legno, o anche lontano
*Origine*: germanica
*Onomastico*: 12 settembre

# Gustavo

Gustava

*Significato*: sostegno dei goti
*Origine*: svedese
*Onomastico*: 27 novembre

# ١

# Iacopo

*Vedi Giacomo*

# Ida

*Significato:* attiva, o, nativa del monte Ida
*Origine*: germanica, o, greca
*Onomastico*: 13 aprile

# Igea

Igeo

*Significato:* dea della salute
*Origine:* greca
*Onomastico:* 1° novembre

# Igino

Iginio, Igina, Iginia

*Significato*: sano
*Origine*: greca
*Onomastico*: 11 gennaio

# Ignazio

Ignazia

*Significato*: fuoco
*Origine*: latina
*Onomastico*: 31 luglio

# I

**LETTERA "I"**

## Igor

*Significato*: protetto da ing (nome di un'antica divinità nordica)
*Origine*: scandinava
*Onomastico*: 5 giugno

## Ilario

Ilaria, Ilarione, Illario, Ilaro

*Significato*: allegro, sereno
*Origine*: greca
*Onomastico*: 13 gennaio

## Ilda

Ilde, Ildo

*Significato*: battagliera
*Origine*: germanica
*Onomastico*: vedi il nome base

## Ildefonso

*Significato*: valoroso nel combattimento
*Origine*: germanica
*Onomastico*: 23 gennaio

# Ildegarda

Ildegardo

*Significato*: bacchetta magica che aiuta nella

# Iotta

*Origine*: germanica
*Onomastico*: 17 settembre

# Ileana

*Per origine, significato e onomastico vedi Elena*

# Ilenia

*Vedi Elena*

# Ilio

Ilia, Illia, Iliana, Illio, Iliano, Ilo

*Significato*: nativo di ilio
*Origine*: greco-latina
*Onomastico*: 28 maggio

# Ilona

*Vedi Elena*

# I

LETTERA "I"

## Ilva

*Vedi Elba*

## Imelda

Imelde, Inelde, Inelda

*Significato*: potente in battaglia
*Origine*: germanica
*Onomastico*: 12 maggio

## Immacolata

Imma, Immacolato, Ima

*Significato*: non macchiata dal peccato
*Origine*: latina
*Onomastico*: 8 dicembre

## Incoronata

Coronata, Coronato

*Significato*: cinta con una corona
*Origine*: latina
*Onomastico*: 22 agosto

## Indro

*Significato*: splendente, vincente
*Origine*: indiana
*Onomastico*: 10 febbraio

## Ines

*Vedi Agnese (versione spagnola)*

## Innocente

*Significato*: esente da colpe
*Origine*: latina
*Onomastico*: 28 dicembre

## Innocenzo

Innocenza, Innocenzio

*Significato*: che non fa il male
*Origine*: latina
*Onomastico*: 22 giugno

## Iolanda

Jolanda, Violante, Yolanda, Iolando, Jolando

*Significato*: color della viola, o, giovane fanciulla
*Origine*: francese
*Onomastico*: 28 dicembre

LETTERA "I"

# Iole

Jole

*Significato*: viola
*Origine*: greca
*Onomastico*: 17 gennaio

# Ione

Jone, Ionia, Ionio, Jonio

*Significato*: appartenente al popolo degli ioni
*Origine*: greca
*Onomastico*: 6 agosto

# Iorio

Jorio

*Significato*: che scioglie i cavalli
*Origine*: greca
*Onomastico*: 13 agosto

# Ippolito

Ippolita

*Significato*: che scioglie i cavalli
*Origine*: greca
*Onomastico*: 13 agosto

# Irene

*Significato*: pace
*Origine*: greca
*Onomastico*: 20 ottobre

# Ireneo

*Significato*: dedicato alla pace
*Origine*: greca
*Onomastico*: 28 giugno

# Iride

Iris, Ires, Ireos, Irido, Iridio

*Significato*: arcobaleno; giaggiolo
*Origine*: greca
*Onomastico*: 1° novembre

# Irma

Irmo, Irmina, Irmino

*Significato*: potente
*Origine*: germanica
*Onomastico*: 24 dicembre

# Isabella

*Significato*: dio è perfezione
*Origine*: spagnola
*Onomastico*: 25 febbraio

**LETTERA "I"**

# Isacco

Isaàc

*Significato*: possa [dio] sorridere
*Origine*: ebraica
*Onomastico*: 11 aprile

# Isaia

*Significato*: dio salva
*Origine*: ebraica
*Onomastico*: 6 luglio

# Iside

Isida, isido

*Significato*: oscuro
*Origine*: egizia
*Onomastico*: 1° novembre

# Isidoro

Isidora, Isodoro, Sidoro

*Significato*: dono di iside
*Origine*: greca
*Onomastico*: 4 aprile

# Isolina

Isola

*Significato*: sconosciuto
*Origine*: oscura
*Onomastico*: 2 aprile

# Isotta

Isolda, Iselda, Isolde, Iselde, Iseldo, Isotto

*Significato*: guerriera dura come il ferro (o il ghiaccio)
*Origine*: germanica
*Onomastico*: 2 aprile

# Italo

Itala, Italina, Italico, Italiano, Italiana

*Significato*: nativo d'italia
*Origine*: greca
*Onomastico*: 19 agosto

# Ivan

Ivana, Ivano

*Per significato e onomastico vedi Giovanni*

# Ivano

*Significato*: dio ha avuto misericordia
*Origine*: francese
*Onomastico*: 8 ottobre

# I

**LETTERA "I"**

## Ivo

Iva, Yvonne, Ivette

*Significato*: legno di tasso
*Origine*: celtica
*Onomastico*: 19 maggio

# J

LETTERA "J"

## Jacopo

*Per origine, significato e onomastico vedi Giacomo*

## Jago

*Vedi Giacomo*

## Jenny

*Vedi Giovanni*

## Jessica

*Significato*: dio ha guardato
*Origine*: ebraica
*Onomastico*: 1° novembre

## Josè

Giosetta, Josella, Josetta

*Vedi Giuseppe*

# L

L

LETTERA "L"

# Lamberto

Lamberta, Lambertina, Amberta

*Significato*: illustre nel suo Paese
*Origine*: germanica
*Onomastico*: 14 aprile

# Lancillotto

Laciotto

*Significato*: armato di lancia
*Origine*: germanica
*Onomastico*: 27 giugno

# Lando

Landa, Landina, Landino, Landuccio

*Significato*: terra
*Origine*: incerta, forse germanica
*Onomastico*: 26 marzo

# Lanfranco

Lanfranca

*Significato*: uomo libero nel suo paese
*Origine*: germanica
*Onomastico*: 23 giugno

# Lapo

*Vedi Giacomo*

# Lara

*Significato*: oscuro
*Origine*: russa
*Onomastico*: 1° novembre

# Laura

Lauro, Lauretta, Laurina

*Significato*: alloro (simbolo di onore e vittoria9
*Origine*: latina
*Onomastico*: 19 ottobre

# Lavinia

Lavinio

*Significato*: incerto (forse oriunda di lavinio)
*Origine*: prelatina, forse etrusca
*Onomastico*: 1° novembre

# Lazzaro

Lazzarina, Lazzara, Lazzero

*Significato*: dio viene in aiuto
*Origine*: ebraica
*Onomastico*: 17 dicembre

# L

LETTERA "L"

## Lea

Leo, Leoluca, Leoluchina

*Significato:* leone
*Origine*: latina
*Onomastico*: 10 novembre e 22 marzo

## Leandro

Leandra, Aleandro, Aleandra

*Significato*: uomo del popolo
*Origine*: greca
*Onomastico*: 27 febbraio

## Learco

*Significato*: guida per popolo
*Origine*: greca
*Onomastico*: 1° novembre

## Leda

Ledo, Ledino

*Significato*: incerto
*Origine*: pregreca
*Onomastico*: 1° novembre

# Leila

Laila, Leyla

*Significato*: scura come la notte
*Origine*: persiana
*Onomastico*: 1° novembre

# Lelio

Lelia

*Significato*: mancino
*Origine*: latina
*Onomastico*: 27 giugno

# Leonardo

Leonarda

*Significato*: forte come un leone
*Origine*: germanica
*Onomastico*: 6 novembre

# Leone

Leonello, Lionello, Leonella, Leonetta, Leonia, Lionella, Leonetto

*Significato*: leone
*Origine*: greco-latina
*Onomastico*: 10 novembre

# L

LETTERA "L"

## Leonida

Leonide

*Significato*: figlio di leone
*Origine*: greca
*Onomastico*: 22 aprile

## Leonilde

Lea, Leonilda, Leonildo

*Significato*: che lotta da leonessa
*Origine*: misto, greco-germanica
*Onomastico*: 22 marzo

## Leonora

*Vedi Eleonora*

## Leopoldo

Leopolda, Leopoldina

*Significato*: valoroso
Origine: germanica
Onomastico: 15 novembre

# Letizia

Letizio, Letiziano

*Significato*: gioia, letizia
*Origine*: latina
*Onomastico*: 21 ottobre

# Lia

Lietta, Lya

*Significato*: affaticata, stanca
*Origine*: ebraica
*Onomastico*: 1° giugno

# Liala

*Significato*: attinente all'aviazione
*Origine*: letteraria
*Onomastico*: 1° novembre

# Liana

Liano

***Per origine, significato e onomastico vedi il nome base***

# Libero

Libera

*Significato*: uomo libero, non schiavo
*Origine*: latina
*Onomastico*: 23 settembre

## LETTERA "L"

# Licia

Licio, Lycia

*Significato*: nativa della licia
*Origine*: greca
*Onomastico*: 1° novembre

# Lidia

Lida, Lido, Lydia, Lidio, Lidiana, Lidiano

*Significato*: originaria della lidia
*Origine*: greca
*Onomastico*: 3 agosto

# Liliana

Lilia, Liliano, Lilliana, Lilli

*Significato*: dio è perfezione; giglio
*Origine*: anglosassone
*Onomastico*: 27 luglio

# Linda

Lindo

*Significato*: scudo di tiglio, e anche pulita, curata
*Origine:* germanica
*Onomastico*: 22 gennaio

# Lino

Lina

*Significato*: di lino
*Origine*: greca
*Onomastico*: 23 settembre

# Livio

Livia, Liviana

*Significato*: pallido; astioso
*Origine*: latina
*Onomastico*: 12 novembre

# Lola

Lolita

*Per origine, significato e onomastico vedi i nomi base*

# Loredana

Loredano

*Significato*: di loredo, cioè del bosco di allori
*Origine*: letteraria
*Onomastico*: 10 dicembre

# Lorella

Loretta

*Per origine, significato e onomastico vedi i nomi base*

# L

LETTERA "L"

## Lorena

Loreno

*Significato*: sostenitrice (sostenitore) dei Lorena
*Origine*: ideologica
*Onomastico*: 1° novembre

## Lorenzo

Renzo, Lorenza, Lorenzina, Laurentino, Laurenza

*Significato*: originario di Laurento
*Origine*: latina
*Onomastico*: 10 agosto

## Loris

***Per origine, significato e onomastico vedi il nome base***

## Luana

*Significato*: che porta in salvo
*Origine*: incerta, forse polinesiana
*Onomastico*: 1° novembre

## Luce

***Significato***: luce perenne; luce della scienza
***Origine***: latina
***Onomastico***: 13 dicembre

## Lucia

Lucietta, Lucetta, Luci

***Significato***: luminosa, lucente
***Origine***: greca
***Onomastico***: 13 dicembre

## Lucilla

Lucina

## Lucio

Lucia, Luciano e altre varianti

***Significato***: nato alle prime luci del giorno
***Origine***: latina
***Onomastico***: 4 marzo

## Lucrezia

Lucrezio

***Significato***: appartenente alla gens lucretia
***Origine***: latina
***Onomastico***: 23 novembre

# LETTERA "L"

## Ludmilla

Ludmila

*Significato*: amata dal popolo
*Origine*: slava
*Onomastico*: 16 settembre

## Ludovico

Lodovico, Lodovica, Ludovica

*Significato*: glorioso guerriero
*Origine*: germanica
*Onomastico*: 25 agosto

## Luigi

Luigia, Luigina, Luigino, Gigi, Gino, Gigino, Gigetto

*Significato*: guerriero glorioso
*Origine*: germanica
*Onomastico*: 25 agosto

## Luisa

Luisella, Loisia, Luisita

*Vedi Luigi*

## Luna

*Significato*: luminosa
*Origine*: latina
*Onomastico*: 2 aprile

## Maddalena

Magda, Lena, Magdalena, Maìda, Mady

*Significato*: di magdala
*Origine*: ebraica
*Onomastico*: 22 luglio

## Mafalda

*Significato*: forte combattente
*Origine*: germanica
*Onomastico*: 7 agosto

## Magda

*Vedi Maddalena*

## Maia

Maja, Maya

*Significato*: nutrice
*Origine*: greca
*Onomastico*: 1° novembre

## Malvina

Malvino

*Significato*: dalla fronte liscia
*Origine*: gaelica
*Onomastico*: 1° novembre

LETTERA "M"

## Manfredo

Manfredi, Manfredina, Manfreda

*Significato*: forte e amante della pace
*Origine*: germanica
*Onomastico*: 28 gennaio

## Manlio

Manlia

*Significato*: nato di prima mattina
*Origine*: latina
*Onomastico*: 23 ottobre

## Manrico

Manrica, Marrico

*Significato*: uomo potente
*Origine*: incerta, forse germanica
*Onomastico*: 1° novembre

## Manuel

Manuela

## Mara

Marella, Maretta

*Significato*: amareggiata
Origine: ebraica
Onomastico: 3 agosto

## Marcello

Marcella, Marcellina, Marcellino, Celina, Cellina, Marcelliano

*Significato*: dedicato a marte
***Origine***: latina
***Onomastico***: 16 gennaio

## Marco

Marcantonio, Marcolina, Marchina, Marco Aurelio

*Significato*: consacrato a marte
***Origine***: latina
***Onomastico***: 25 aprile

## Margherita

Marga, Ghita, Margarita, Margit

*Significato*: perla (e anche il ben noto fiore)
***Origine***: greca
***Onomastico***: 22 febbraio

# M

LETTERA "M"

## Maria

Mariella, Mariuccia, Marietta, Mariolina, Mary, Mery, Marion, Mariù, e tutti i possibili nomi doppi

*Significato*: amata
*Origine*: egiziana
*Onomastico*: 12 settembre

## Marianna

Mariannina, Marianne

*Significato*: amata da ammone
*Origine*: egizia
*Onomastico*: 17 febbraio

## Mariano

***Figlio di Mario***

## Marilena

Marlena

***Per significato, origine e onomastico vedi i nomi base***

## Marilina

## Marilu'

## Marina

Marino, Marinella, Rina, Marinetta

*Significato*: del mare
*Origine*: latina
*Onomastico*: 3 settembre o 18 giugno

## Mario

Mariolino, Mariuccio, Marietto

*Significato*: virile
*Origine*: etrusca
*Onomastico*: 19 gennaio

## Marisa

Marisella, Marisetta

*Per significato, onomastico e origine vedi i nomi base*

## Marsilio

Marsilia, Marsiglia, Marsiglio

*Significato: nativo di marsiglia; dedicato a marte*
*Origine*: latina
*Onomastico*: 1° novembre, 25 aprile

# M

LETTERA "M"

## Marta

*Significato*: padrona
*Origine*: aramaica
*Onomastico*: 29 luglio

## Martino

Martina, Martiniano

*Significato*: dedicato a marte
*Origine*: latina
*Onomastico*: 11 novembre

## Marusca

Marisca

*Vedi Maria*

## Marzia

Marzio, Marziano, Marziale

*Significato*: consacrato a marte
*Origine*: latina
*Onomastico*: 21 giugno, 18 ottobre o 10 luglio

## Massimo

Massimiliano, Massimina, Massimino, Massima, Massimilla

*Significato*: il più grande
*Origine*: latina
*Onomastico*: 29 maggio, 25 giugno, 19 novembre

## Matilde

Matelda, Matilda

*Significato*: che lotta con forza
*Origine*: germanica
*Onomastico*: 14 marzo

## Matteo

Mattia, Mattea, Mattio, Maffeo, Maffio

*Significato*: dono di dio
*Origine*: ebraica
*Onomastico*: 21 settembre

## Mattia

*Vedi Matteo*

## Mauro

Maurizio, Maura, Maurizia, Maurilio, Maurina, Maurilia

*Significato*: nativo della Mauritania
*Origine*: latina
*Onomastico*: 15 gennaio

## LETTERA "M"

# Medardo

*Significato*: forte nell'onore, o forte nella bontà
*Origine*: germanica
*Onomastico*: 8 giugno

# Melania

*Significato*: molto scuro (riferito al colore delle chiome)
*Origine*: greca
*Onomastico*: 31 dicembre

# Melchiorre

Melchiorra, Melchiora, Melchiore

*Significato*: dio è luce
*Origine*: incerta, forse ebraica
*Onomastico*: 6 gennaio

# Melinda

Ermelinda

*Significato*: potente con lo scudo
*Origine*: germanica
*Onomastico*: 29 ottobre

# Melissa

Melita

*Significato*: ape (poetessa)
*Origine*: greca
*Onomastico*: 24 aprile

# Mercedes

Mercede

*Significato*: prezzo di una merca
*Origine*: latina
*Onomastico*: 24 settembre

# Metello

Metella

*Significato*: soldato mercenario
*Origine*: latina
*Onomastico*: 24 gennaio

# Michele

Michelina, Michela, Michelangelo, Micaela

*Significato*: chi è come dio?
*Origine*: ebraica
*Onomastico*: 29 settembre

# Micol

*Vedi Michele*

## Mila

Milo

*Significato*: misericordioso
*Origine*: incerta, latina o slava
*Onomastico*: 23 febbraio

## Milena

*Significato*: di animo buono
*Origine*: slava
*Onomastico*: 23 febbraio

## Milka

Milko, Milca

*Significato*: famoso per la bontà
*Origine*: slava
*Onomastico*: 5 ottobre

## Millo

Milla

*Vedi Camillo*

## Milva

*Variante di Elba*

## Milvia

Milvio

*Significato*: ricorda la battaglia presso il ponte milvio
*Origine*: latina
*Onomastico*: 1° novembre

## Mimosa

*Significato*: augura la bellezza dei fiori di mimosa
*Origine*: latina, da mimus (mimo)
*Onomastico*: 8 marzo

## Minerva

*Significato*: dea delle arti e divinità guerriera
*Origine*: latina
*Onomastico*: 23 agosto

## Mira

Miro, Miriana, Mireno, Mirena, Miralda, Mirjana, Miriano

*Significato*: degno di ammirazione
*Origine*: latina
*Onomastico*: 1° novembre

M

LETTERA "M"

## Miranda

*Significato*: da ammirare
*Origine*: latina
*Onomastico*: 1° novembre

## Mirella

*Significato*: da ammirare
*Origine*: latina
*Onomastico*: 1° novembre

## Miriam

Myriam, Miria, Mirio

*Vedi Maria*

## Mirko

Mirka

*Significato*: famoso per aver assicurato la pace
*Origine*: slava
*Onomastico*: 5 ottobre

## Modesto

Modesta, Modestino, Modestina

*Significato*: moderato, mite
*Origine*: latina
*Onomastico*: 15 giugno

## Moira

*Vedi Maria*

## Monica

*Significato*: eremita
*Origine*: greca, o, punica
*Onomastico*: 27 agosto

## Moreno

Morena

*Significato*: moro, con occhi e capelli neri
*Origine*: spagnola
*Onomastico*: 1° novembre

## Morgana

*Significato*: del mare
*Origine*: celtica
*Onomastico*: 1° novembre

M

LETTERA "M"

## Mosè

Moisè, Mòse

*Significato:* partorito, figlio
*Origine*: egizia
*Onomastico*: 4 settembre

## Muzio

Muzia

*Significato*: oscuro
*Origine*: latina
*Onomastico*: 22 aprile

LETTERA "N"

## Nada

Nadina, Nadine, Nado

*Vedi nomi base*

## Nadia

Nadiana, Nadio

*Significato*: speranza
*Origine*: russa
*Onomastico*: 17 gennaio

## Nando

*Vedi Ferdinando*

## Napoleone

*Significato*: proveniente da Napoli
*Origine*: incerta
*Onomastico*: 15 agosto

## Narciso

Narcisa, Narcisio

*Significato*: torpore, mancanza di sensibilità
*Origine*: greca
*Onomastico*: 29 ottobre

## Natale

Natalina, Natalìa, Natalino, Natalia

*Significato*: giorno della nascita
*Origine*: latina
*Onomastico*: 25 dicembre

## Natascia

*Vedi Natale*

## Nazario

Nazzareno, Nazzaro, Nazzario, Nazaria, Nazzaria

*Significato*: nativo di nazareth, e cristiano
*Origine*: greca
*Onomastico*: 28 luglio

## Nereo

Nerea

*Significato*: che fluisce come l'acqua del mare
*Origine*: greca
*Onomastico*: 12 maggio

## Neri

*Vedi Ranieri*

## Nerina

Nerino

*Significato*: esercito; acqua che scorre
*Origine*: incerta, germanica o greca
*Onomastico*: 12 maggio

## Nerone

*Significato*: uomo valente
*Origine*: latina
*Onomastico*: 1° novembre

## Nestore

*Significato*: che fa un felice ritorno
*Origine*: greca
*Onomastico*: 4 marzo

# Nevio

Nevia

*Significato*: che ha dei nèi
*Origine*: latina
*Onomastico*: 1° novembre

# Nicodemo

Niccodemo

*Significato*: vincitore nel popolo
*Origine*: greca
*Onomastico*: 3 agosto

# Nicola

Nicoletta, Nicolò, Nicolina, Nicla, Niccolò, Nico, Nicolao, Colette, Coletta, Cola

*Significato*: vincitore tra il popolo
*Origine*: greca
*Onomastico*: 6 dicembre

# Nilde

*Vedi nomi base*

# Nilo

*Significato*: fiume
*Origine*: greca
*Onomastico*: 26 settembre

LETTERA "N"

## Ninfa

*Significato*: divinità della natura
*Origine*: greca
*Onomastico*: 10 novembre

## Nives

Neva, Nivea, Niva, Neve, Nivia

*Significato*: augurale o di devozione alla madonna della neve
*Origine*: latina
*Onomastico*: 5 agosto

## Noè

*Significato*: che allevia
*Origine*: ebraica
*Onomastico*: 18 novembre

## Noemi

Noemia

*Significato*: gioia, letizia
*Origine*: ebraica
*Onomastico*: 14 (o 15) dicembre

# Nora

***Vedi Eleonora***

# Norberto

Norberta

*Significato*: uomo illustre del nord; uomo illustre per la sua forza
*Origine*: germanica
*Onomastico*: 6 giugno

# Norma

*Significato*: regola, norma
*Origine*: latina
*Onomastico*: 8 maggio

# Normanno

Normanna, Normando, Normanda

*Significato*: uomo del nord
*Origine*: francese
*Onomastico*: 1° novembre

# Novella

Novello, Novellina, Novellino

*Significato*: nuova, più giovane
*Origine*: latina
*Onomastico*: 25 agosto

# LETTERA "N"

## Nunzia

Nunzio

*Vedi Annunziata*

# O

# O

LETTERA "O"

## Oddo

Oddone, Odetta, Otto, Ottone

*Significato:* che possiede beni
*Origine:* germanica
*Onomastico*: 18 novembre

## Odilia

Odilla, Ottilia, Utilia, Odilio, Udilia, Odillo, Odelia, Odelio

*Significato*: che ha possedimenti
*Origine*: germanica
*Onomastico*: 13 dicembre

## Odoardo

*Variante di Edoardo*

## Ofelia

*Significato*: aiuto, soccorso
*Origine*: greca
*Onomastico*: 3 febbraio

# Olga

*Significato*: santa
*Origine*: nordica
*Onomastico*: 11 luglio

# Olimpia

Olimpio, Olimpo

*Significato*: proveniente da olimpia o dal monte olimpo
*Origine*: greca
*Onomastico*: 17 dicembre, o, 12 giugno

# Olindo

Olinda, Olinto

*Significato*: fico selvatico
*Origine*: letteraria
*Onomastico*: 1° novembre

# Oliva

Oliviero, Olivo, Olivia, Olivio, Uliviero, Vieri, Oliviera, Viera, Oliviana, Liviero

*Significato*: pianta dell'olivo
*Origine*: latina
*Onomastico*: 10 giugno

# O

LETTERA "O"

## Omar

*Significato*: lunga vita
*Origine*: araba
*Onomastico*: 1° novembre

## Ombretta

*Significato*: apparenza vana, piccola e graziosa; spettro
*Origine*: letteraria
*Onomastico*: 1° novembre

## Omero

*Significato*: ostaggio, pegno
*Origine*: greca
*Onomastico*: 9 settembre

## Ondina

Onda, Ondino

*Significato*: creatura metà donna e metà pesce, valida nuotatrice
*Origine*: nordica
*Onomastico*: 1° novembre

## Onofrio

Onofria

*Significato*: sempre felice
*Origine*: egizia
*Onomastico*: 12 giugno

## Onorina

Onorio, Onorino, Onoria

*Significato*: onore, stima
*Origine*: latina
*Onomastico*: 24 aprile

## Orazio

Orazia

*Significato*: oscuro
*Origine*: etrusca
*Onomastico*: 1° novembre

## Oreste

*Significato*: abitante dei monti
*Origine*: greca
*Onomastico*: 9 novembre

# O

LETTERA "O"

## Orfeo

Orfea

*Significato*: che vive in solitudine
*Origine*: forse greca
*Onomastico*: 1° novembre

## Oriana

Oriano, Orianna

*Vedi Orietta e Anna*

## Orietta

Oriella, Orio, Oria, Oride

*Significato*: dotata, Orillante come l'oro
*Origine*: latina
*Onomastico*: 24 agosto

## Orlando

Orlanda, Orlandina

*Significato*: famoso per la sua audacia
*Origine*: germanica
*Onomastico*: 15 settembre

## Ornella

*Significato*: albero di frassino
*Origine*: letteraria
*Onomastico*: 1° novembre

## Orsola

Orsolina, Ursula, Orso, Orsino, Orsina

*Significato*: forte come l'orso
*Origine*: latina
*Onomastico*: 21 ottobre

## Ortensia

Ortensio

*Significato*: che coltiva il giardino; bella quanto un fiore di ortensia
*Origine*: latina
*Onomastico*: 1° novembre

## Osanna

*Significato*: invocazione di salvezza
*Origine*: ebraica
*Onomastico*: 18 giugno

# O

LETTERA "O"

## Oscar

Oscarina

*Significato*: lancia di dio
*Origine*: letteraria
*Onomastico*: 3 febbraio

## Osvaldo

Osvalda, Svaldo

*Significato*: potere esercitato in nome di dio
*Origine*: germanica
*Onomastico*: 5 agosto

## Otello

Otella

*Vedi Oddo*

## Ottavio

Ottavia, Ottaviano, Ottavina, Ottaviana

*Significato*: ottavo figlio
*Origine*: latina
*Onomastico*: 20 novembre

# Ottilia

*Vedi Odilia*

# Ottone

*Variante di Oddo*

# Ottorino

Ottorina

*Vedi Oddo*

# Ovidio

Ovidia

*Significato*: allevatore di pecore
*Origine*: latina
*Onomastico*: 3 giugno

# P

# Pacifico

Pacifica

*Significato*: che ama la pace; tranquillo
*Origine*: latina
*Onomastico*: 24 settembre

# Palmiro

Palmira, Palmina, Palma, Palmerino, Palmiero, Palmino

*Significato*: nato la domenica delle palme
*Origine*: latina
*Onomastico*: domenica delle palme (data mobile)

# Pamela

*Significato*: tutto [è] canto
*Origine*: forse dal greco
*Onomastico*: 1° novembre

# Pancrazio

Pancrazia

*Significato*: assolutamente forte
*Origine*: greca
*Onomastico*: 3 aprile

# P

LETTERA "P"

## Pantaleo

Pantaleone, Pantalea

*Significato*: in tutto come un leone
*Origine*: greca
*Onomastico*: 17 e 27 luglio

## Paolo

Paola, Paolina, Paolino, Paula, Paoletta

*Significato*: piccolo, modesto
*Origine*: latina
*Onomastico*: 29 giugno

## Paride

*Significato*: incerto, forse guerriero
*Origine*: pregreca
*Onomastico*: 5 agosto

## Pasqua

Pasquina

*Significato*: passaggio e pascoli
*Origine*: ebraica e latina
*Onomastico*: il giorno di pasqua

## Pasquale

Pasqualina, Pasqualino, Pasquala

*Significato*: attinente alla pasqua
*Origine*: latina
*Onomastico*: 11 febbraio, o 17 maggio

## Patrizia

Patrizio

*Significato*: nobile
*Origine*: latina
*Onomastico*: 17 marzo

## Penelope

*Significato*: sconosciuto
*Origine*: greca
*Onomastico*: 5 maggio

## Pericle

*Significato*: circondato di gloria
*Origine*: greca
*Onomastico*: 1° novembre

# P

LETTERA "P"

## Perla

Perlina

*Significato*: prezioso prodotto di alcuni molluschi e persona ricca di virtù e di meriti
*Origine*: medievale
*Onomastico*: 1° novembre

## Petronilla

Pietronilla, Petronella

*Vedi Petronio*

## Petronio

*Significato*: oscuro, popolarmente pietra, roccia
*Origine*: etrusca
*Onomastico*: 4 o 29 ottobre

## Pietro

Piero, Piera, Pierino, Pierina, Petrino, Pietrina, Pietra, Petra

*Significato*: roccia, pietra
*Origine*: ebraica
*Onomastico*: 29 giugno

## Pio

Pia

*Significato*: devoto alla religione
*Origine*: latina
*Onomastico*: 11 luglio

## Placido

Placida, Placidia

*Significato*: di temperamento tranquillo
*Origine*: latina
*Onomastico*: 11 ottobre

## Platone

*Significato*: ampio, ben costruito
*Origine*: greca
*Onomastico*: 4 aprile

## Plinio

*Significato*: forse grasso, pieno
*Origine*: latina
*Onomastico*: 1° novembre

## Pompeo

Pompea, Pompilio, Pompilia, Pomponio

*Significato*: quinto figlio
*Origine*: osca
*Onomastico*: 14 dicembre

# P

LETTERA "P"

## Preziosa

Prezioso

*Significato*: pregiato, apprezzato
*Origine*: medievale
*Onomastico*: 1° luglio

## Priamo

*Significato*: oscuro
*Origine*: greca
*Onomastico*: 28 maggio

## Primavera

*Significato*: augurio di essere bella quanto lo è la primavera
*Origine*: latina
*Onomastico*: 1° novembre

## Primo

Prima, Primetta, Primina

*Significato*: figlio primogenito
*Origine*: latina
*Onomastico*: 9 giugno

## Prisca

Prisco

*Significato*: precedente, antico
*Origine*: latina
*Onomastico*: 9 maggio e 18 gennaio

## Priscilla

*Vedi Prisca*

## Prospero

Prospera, Prosperina

*Significato*: fortunato, florido
*Origine*: latina
*Onomastico*: 25 giugno

## Publio

Publia

*Significato*: oscuro
*Origine*: forse etrusca
*Onomastico*: 19 febbraio

## Quinto

Quintilio, Quintino, Quintilia, Quintina, Quintilina, Quinzio, Quintiliano

*Significato:* quintogenito
*Origine:* latina
*Onomastico*: 19 marzo

## Quirico

Quirica, Chirico

*Significato*: del signore
*Origine*: greca
*Onomastico*: 16 giugno

## Quirino

Quirina, Querino, Querina

*Significato:* divinità guerriera sabina
*Origine*: latina
*Onomastico*: 4 giugno

# R

# Rachele

Rachela, Rachel

*Significato:* pecora
*Origine:* ebraica
*Onomastico*: 30 settembre

# Raffaele

Raffaella, Raffaela, Raffaello

*Significato*: dio ha guarito
*Origine*: ebraica
*Onomastico*: 24 ottobre

# Raimondo

Raimonda, Ramon

*Significato*: difensore grazie al consiglio divino
*Origine*: germanica
*Onomastico*: 31 agosto

# Ramona

*Vedi Raimondo*

# Ranieri

Raniero, Rainero, Rainerio, Raineri

*Significato*: esercito sostenuto dal consiglio divino
*Origine*: germanica
*Onomastico*: 17 giugno e 30 dicembre

R

LETTERA "R"

# Raul

Raoul

*Significato*: violento in assemblea quanto un lupo
*Origine*: germanica
*Onomastico*: 21 giugno

# Rebecca

*Significato*: che lega, che unisce
*Origine*: ebraica
*Onomastico*: 30 agosto

# Regina

Reginella, Reginetta

*Significato*: che domina, che è degna di regnare
*Origine*: latina
*Onomastico*: 7 settembre

# Reginaldo

Reginalda

*Significato*: che governa per volere divino
*Origine*: germanica
*Onomastico*: 7 maggio e 17 settembre

# Remigio

Remigia

*Significato*: rimedio medicamentoso
*Origine*: latina
*Onomastico*: 1° ottobre

# Remo

*Significato*: che fluisce, che scorre
*Origine*: oscura
*Onomastico*: 22 dicembre

# Renato

Renata

*Significato*: rinato, nato a nuova vita
*Origine*: latina
*Onomastico*: 12 novembre

# Riccardo

Riccarda, Riccardina, Ricciarda, Ricciardo, Rizzardo, Ricardo

*Significato*: ricco e valoroso
*Origine*: germanica
*Onomastico*: 3 aprile

# Rina

*Vedi Caterina*

# R

LETTERA "R"

## Rinaldo

Rinalda, Rainalda, Renaldo, Rinaldi, Rainaldo

*Significato*: che governa su consiglio divino
*Origine*: germanica
*Onomastico*: 9 febbraio

## Rita

*Vedi Margherita*

## Roberto

Roberta, Robertina, Robertino, Ruperto, Ruberto

*Significato*: illustre per gloria
*Origine*: germanica
*Onomastico*: 17 settembre

## Rocco

Rocchina, Rocchetta

*Significato*: rosso, oppure corvo, o ancora alto, imponente
*Origine*: germanica
*Onomastico*: 16 agosto

# Rodolfo

Rodolfa, Ridolfo

*Significato*: lupo glorioso; guerriero ammantato di gloria
*Origine*: germanica
*Onomastico*: 26 giugno

# Rodrigo

Roderico, Roderigo

*Significato*: ricco di gloria, comandante glorioso
*Origine*: germanica
*Onomastico*: 13 marzo

# Rolando

Rolanda

*Significato*: famoso nella sua terra
*Origine*: germanica
*Onomastico*: 15 luglio

# Romano

Romana

*Significato*: cittadino di roma o dell'impero romano
*Origine*: latina
*Onomastico*: 9 agosto o 23 settembre

# R

LETTERA "R"

## Romeo

Romea

*Significato*: cittadino di roma; pellegrino lungo la via romea
***Origine***: greca
***Onomastico***: 25 febbraio

## Romilda

Romilde, Romildo, Milda, Milde, Mildo

*Significato*: guerriera gloriosa
***Origine***: germanica
***Onomastico***: 1° novembre

## Romina

*Significato*: sconosciuto, popolarmente collegato a roma
***Origine***: oscura
***Onomastico***: 1° novembre

# Romolo

**Romola, Romolina**

***Significato***: è nome collegabile a Roma
***Origine***: forse etrusca
***Onomastico***: 6 luglio

# Romualdo

**Romualda, Romoaldo, Romaldo, Remoaldo**

***Significato***: che acquista gloria mediante il comando
***Origine***: germanica
***Onomastico***: 7 febbraio

# Rosa

**Rosina, Rosetta, Rosella, Rosita, Rosellina**

***Significato***: di colore rosa; bella quanto una rosa
***Origine***: greca
***Onomastico***: 6 marzo o 23 agosto

# Rosalba

*Vedi Rosa*

# R

LETTERA "R"

## Rosalia

*Significato*: glorioso scudo di legno di tiglio
*Origine*: forse normanna
*Onomastico*: 4 settembre

## Rosalinda

*Significato*: scudo che dà gloria
*Origine*: letteraria
*Onomastico*: 4 settembre

## Rosanna

***Per origine, significato e onomastico vedi i nomi base***

## Rosaria

Rosario

*Significato*: ghirlanda di rose
*Origine*: latina
*Onomastico*: 7 ottobre

## Rosita

***Vedi Rosa***

# Rossana

**Rossano**

***Significato***: splendente
***Origine***: persiana
***Onomastico***: 15 giugno

# Rossella

***Significato***: rossa di capelli
***Origine***: soprannome medievale
***Onomastico***: 14 settembre

# Rubens

**Ruben**

***Significato***: dio ha concesso un figlio
***Origine***: ebraica, di derivazione egizia
***Onomastico***: 1° agosto

# Rufo

**Rufina, Rufino, Ruffino, Ruffillo**

***Significato***: dai capelli rossi
***Origine***: latina
***Onomastico***: 30 luglio

# R

LETTERA "R"

## Ruggero

Ruggiero, Roggero, Ruggera, Ruggerina, Ruggeri

*Significato*: reso famoso dall'uso della lancia
*Origine*: germanica
*Onomastico*: 15 ottobre

## Ruperto

*Vedi Roberto*

## Ruth

*Significato*: incerto, forse "amica"
*Origine*: ebraica
*Onomastico*: 5 settembre

## Rutilio

Rutilia

*Significato*: biondo tendente al rosso
*Origine*: latina
*Onomastico*: 2 agosto

# S

## LETTERA "S"

# Sabina

Sabino

*Significato*: appartenente al popolo dei sabini
*Origine:* latina
*Onomastico*: 29 agosto

# Sabrina

*Significato*: pungente come il frutto
*Origine*: ebraica o celtica
*Onomastico*: 29 gennaio

# Salomone

Salomè

*Significato*: sereno, in pace con dio
*Origine*: ebraica
*Onomastico*: 28 settembre

# Salvatore

Salvatrice, Salvatora, Torello, Turiddu, Turiddo, Tore

*Significato*: dio è salvezza
*Origine*: greco-latina
Onomastico: 18 marzo

## Salvo

Salvina, Salvino, Salve, Salvio, Salva

*Significato*: libero dai peccati
*Origine*: latina
*Onomastico*: 10 settembre

## Samantha

*Significato*: che ascolta
*Origine*: incerta, forse ebraica
*Onomastico*: 1° novembre

## Samuele

Samuela, Samuel

*Significato*: il suo nome è dio
*Origine*: ebraica
*Onomastico*: 20 agosto

## Sandro

*Diminutivo di Alessandro*

## Santa

Santina, Santo, Sante, Santi, Santino, Sanzio, Santuzza

*Significato*: dedicato a dio
*Origine*: latina
*Onomastico*: 2 giugno

# S

LETTERA "S"

## Sara

Sarah

*Significato*: principessa, signora
*Origine*: ebraica
*Onomastico*: 9 ottobre

## Saro

*Vedi Rosaria*

## Saul

Saulo

*Significato*: implorato, ottenuto da dio
*Origine*: ebraica
*Onomastico*: 20 ottobre o 25 gennaio

## Saverio

Saveria, Zaverio, Saverina, Saverino, Zaveria, Xavier

*Significato*: casa nuova
*Origine*: spagnola
*Onomastico*: 3 dicembre

## Savina

***Variante di Sabina***

## Scipione

**Scipio**

*Significato*: scettro
*Origine*: latina
*Onomastico*: 1° novembre

## Sebastiano

**Sebastiana, Bastiano, Bastiana, Bastianina**

*Significato*: degno di venerazione e consacrato agli auguri
*Origine*: greca
*Onomastico*: 20 gennaio

## Selene

**Selena, Selenio, Seleno**

*Significato*: splendore
*Origine*: greca
*Onomastico*: 2 aprile

## Sem

*Significato*: nome divino
*Origine*: ebraica
*Onomastico*: 1° novembre

## LETTERA "S"

# Serafina

Serafino

*Significato*: che arde [d'amore]
*Origine*: ebraica
*Onomastico*: 12 ottobre

# Serena

Serenella, Sereno

*Significato*: limpido, senza nuvole
*Origine*: latina
*Onomastico*: 16 agosto, 30 gennaio, 28 giugno

# Sergio

Sergia, Sergina

*Significato*: oscuro
Origine: incerta, forse etrusca
Onomastico: 8 settembre

# Sesto

Sisto, Sestilio, Sestilia, Sestina, Sistina, Sestino, Sista

*Significato*: sestogenito
*Origine*: latina
*Onomastico*: 31 dicembre

## Severo

**Severino, Severina, Severa, Severio, Severiana**

*Significato*: inflessibile, austero
*Origine*: latina
*Onomastico*: 1° febbraio

## Sibilla

**Sybie**

*Significato*: profetessa; consigliera [delle divinità]
*Origine*: greco-latina
*Onomastico*: 19 marzo

## Sigfrido

**Sigfredo, Sigilfredo**

*Significato*: che dà la pace con la vittoria
*Origine*: germanica
*Onomastico*: 5 febbraio

## Sigismondo

**Sigismonda, Sigismunda, Sigismundo**

*Significato*: che assicura la protezione con la vittoria
Origine: germanica
Onomastico: 1° maggio

## LETTERA "S"

# Silvana

Silvano

*Significato*: abitante dei boschi
*Origine*: latina
*Onomastico*: 22 settembre

# Silverio

*Vedi Silvana e Silvia*

# Silvestro

Silvestra, Silvestre, Silvestri

*Significato*: abitante dei boschi
*Origine*: latina
*Onomastico*: 31 dicembre

# Silvia

Silvio, Silva, Silvina, Selva, Silvino, Selvino, Silviano

*Significato*: abitante dei boschi
*Origine*: latina
*Onomastico*: 3 novembre e 21 aprile

# Simone

Simona, Simonetta, Simeone

*Significato*: dio ha ascoltato
*Origine*: ebraica
*Onomastico*: 28 ottobre

# Sirio

Siria, Sira, Siro, Siriano, Siriana

*Significato*: nativo della Siria
*Origine*: latina
*Onomastico*: 9 dicembre

# Sisto

*Vedi Sesto*

# Smeralda

Esmeralda, Smeraldo

*Significato*: smeraldo, pietra preziosa
*Origine*: latina
*Onomastico*: 16 marzo e 8 agosto

# Socrate

*Significato*: sano e forte
*Origine*: greca
*Onomastico*: 17 settembre

# S

LETTERA "S"

## Sofia

***Significato***: sapienza, saggezza
***Origine***: greca
***Onomastico***: 30 settembre

## Solange

***Significato***: solenne; prescelta
***Origine***: francese
***Onomastico***: 10 maggio

## Sonia

***Vedi Sofia***

## Spartaco

***Significato***: cordaio
***Origine***: greca
***Onomastico***: 22 dicembre

## Stanislao

*Significato*: che gode fama duratura
*Origine*: slava
*Onomastico*: 7 e 8 maggio

## Stefano

Stefania, Stefanina, Stenio, Steno

*Significato*: corona
*Origine*: greca
*Onomastico*: 26 dicembre

## Stella

Estella, Stellina, Stellario

*Significato*: astro, corpo celeste luminoso
*Origine*: latina
*Onomastico*: 11 maggio

## Susanna

*Significato*: fior di loto; giglio
*Origine*: ebraica
*Onomastico*: 11 agosto

# T

# Taddeo

Taddea

*Significato*: dono di dio
*Origine*: greca
*Onomastico*: 28 ottobre

# Taide

Thais

*Significato*: oscuro
*Origine*: sconosciuta
*Onomastico*: 8 ottobre

# Tamara

*Significato*: palma
*Origine*: ebraica
*Onomastico*: 1° novembre

# Tancredi

*Significato*: che delibera con saggezza
*Origine*: germanica
*Onomastico*: 9 aprile

# Tania

Tanja

*Diminutivo vezzeggiativo russo di Tatiana (vedi)*

# T

LETTERA "T"

## Tarcisio

Tarcisia

*Significato*: nativo di tarso
*Origine*: incerta
*Onomastico*: 15 agosto

## Tarquinio

Tarquinia

*Significato*: nativo di tarquinia
*Origine*: latina
*Onomastico*: 1° novembre

## Tarsilio

Tarsilia, Tarsilla

*Significato*: forse oriundo di tarso
*Origine*: incerta
*Onomastico*: 24 dicembre

## Tatiana

*Significato*: sconosciuto
*Origine*: incerta, latina o russa
*Onomastico*: 12 gennaio

## Tazio

Tazia, Taziana, Taziano

*Significato*: sconosciuto
*Origine*: sabina
*Onomastico*: 22 settembre

## Tea

Thea, Teo, Theo

*Significato*: [di] dio
*Origine*: latina
*Onomastico*: 19 dicembre

## Tecla

*Significato*: sconosciuto
*Origine*: oscura
*Onomastico*: 23 settembre

## Teodolinda

*Significato*: scudo del popolo
*Origine*: germanica
*Onomastico*: 22 gennaii

## Teodorico

Teodorica

*Significato*: signore del suo popolo
*Origine*: gotica
*Onomastico*: 2 febbraio

## T

LETTERA "T"

### Teodoro

Teodora, Theodora, Teodorina

*Significato*: dono di dio
*Origine*: greca
*Onomastico*: 9 novembre

### Terenzio

Terenziano, Terenzia, Terenzo

*Significato*: nativo di taranto
*Origine*: latina
*Onomastico*: 27 settembre

### Teresa

Teresina, Teresita, Teresio

*Significato*: oscuro
*Origine*: sconosciuta
*Onomastico*: 15 ottobre o 1° ottobre

### Thea

*Vedi Tea*

# Tiberio

Tiberia, Riberina

*Significato*: sacro al dio del tevere
*Origine*: latina
*Onomastico*: 10 nvoembre

# Tilde

Tilda

*Vedi il nome base*

# Timoteo

Timotea

*Significato*: che onora gli dèi
*Origine*: greca
*Onomastico*: 24 gennaio

# Tito

Titina, Tita, Titino, Tizio

*Significato*: oscuro
*Origine*: incerta (etrusca o sabina)
*Onomastico*: 4 gennaio

# Tiziana

Tiziano

*Significato*: figlia di Tito
*Origine*: latina
*Onomastico*: 17 luglio e 3 marzo

# T

LETTERA "T"

## Tobia

Tobias, Tobiolo

*Significato*: dio è buono
*Origine*: ebraica
*Onomastico*: 2 novembre

## Tolomeo

Tolomea

*Significato*: guerriero
*Origine*: greca
*Onomastico*: 24 agosto

## Tommaso

Tomaso, Tommasa, Tommasina, Tomasina, Masina, Masino, Maso

*Significato*: gemello
*Origine*: aramaica
*Onomastico*: 3 luglio e 28 gennaio

## Toni

*Diminutivo di Antonio*

# Torquato

*Significato*: collana ritorta
Origine: latina
Onomastico: 15 maggio

# Tosca

Tosco

*Significato*: nativa della Tuscia
***Origine***: latina
***Onomastico***: 5 maggio

# Toto

***Diminutivo di Antonio***

# Tristano

Tristana

*Significato*: triste; patto
***Origine***: francese
***Onomastico***: 15 giugno

# Tullio

Tullia, Tullo, Tulliano

*Significato*: forse "sollevato", nel senso di "riconosciuto"
***Origine***: oscura, forse etrusca
***Onomastico***: 5 ottobre

# U

## Ubaldo

**Ubaldina, Ubalda, Uboldo**

*Significato:* audace d'ingegno
*Origine:* germanica
*Onomastico:* 16 maggio

## Uberto

**Oberto, Uberta, Ubertina, Ugoberto**

*Significato*: famoso per l'ingegno
*Origine*: germanica
*Onomastico*: 3 novembre

## Ugo

**Ughetta, Uga, Ugolino, Uguccione**

*Significato*: ingegno; pensiero
*Origine*: germanica
*Onomastico*: 1° aprile

## Ulderico

**Ulderigo, Ulderica, Ulrico, Ulrica, Olderico, Olderigo**

*Significato*: padrone di beni
*Origine*: germanica
*Onomastico*: 4 luglio

# U

LETTERA "U"

## Ulisse

*Significato*: sconosciuto, è divenuto Simvolo del desiderio di conoscenza
*Origine*: oscura, forse anatolica
*Onomastico*: 1° novembre

## Ulrico

*Vedi Ulderico*

## Umberto

Umbertina, Umberta

*Significato*: unno illustre; orso illustre
*Origine*: germanica
*Onomastico*: 6 settembre

## Urbano

Urbana

*Significato*: cittadino, persona civile
*Origine*: latina
*Onomastico*: 25 maggio

## Ursula

*Variante di Orsola*

## Valdo

Valda, Waldo, Valdino, Valdina, Gualdo

***Per significato e onomastico vedi il nome base***

## Valente

*Significato*: che gode buona salute
*Origine:* latina
*Onomastico*: 26 luglio

## Valentina

Valentino

*Significato*: sana, che sta bene
*Origine*: latina
*Onomastico*: 14 febbraio

## Valeria

Valerio

*Significato*: sana, che sta bene
*Origine*: latina
*Onomastico*: 28 aprile e 14 giugno

## Valeriano

Valeriana

*Significato*: figlio di Valerio
*Origine*: latina
*Onomastico*: 14 aprile e 17 giugno

LETTERA "V"

## Valter

Vedi Walter

## Vanda

Vedi Wanda

## Vanessa

*Significato*: farfalla
*Origine*: anglosassone
*Onomastico*: 1° novembre

## Vania

Vanja, Vanio

## Vanna

Vanni

*Vedi Giovanni*

## Vasco

*Significato*: nativo della guascogna, spaccone
*Origine*: spagnola
*Onomastico*: 1° novembre

# Vassili

***Corrispondente russo di Basilio (vedi)***

# Velia

**Velio**

***Significato***: nativo della città di velia
***Origine***: latina
***Onomastico***: 12 febbraio

# Venanzio

**Venanzo, Venanzia**

***Significato***: cacciatore
***Origine***: latina
***Onomastico***: 18 maggio

# Venceslao

**Venceslava, Vinceslao, Vincislao**

***Significato***: che ha grande gloria
***Origine***: slava
***Onomastico***: 28 settembre

# Venere

**Venerina, Venerino, Veniero, Venerio**

***Significato***: augurio di bellezza, amore e fertilità
***Origine***: latina
***Onomastico***:1° novembre

LETTERA "V"

## Vera

Vero, Verina, Wera

*Significato*: che è come appare, sincera
**Origine**: latina
**Onomastico**: 24 gennaio e 23 ottobre

## Verdiana

Verdiano, Verdiana

*Significato*: verdeggiante, rigogliosa
**Origine**: latina
**Onomastico**: 1° febbraio

## Veronica

*Significato*: che porta la vittoria
**Origine**: greco-latina
**Onomastico**: 9 luglio

## Vieri

*Forma abbreviata di Oliviero (vedi)*

## Vigilio

***Significato***: che vigila
***Origine***: latina
***Onomastico***: 26 giugno e 26 settembre

## Vincenzo

Vincenza, Vincenzina, Enzo, Enza

***Significato***: vincente
***Origine***: latina
***Onomastico***: 22 gennaio o 19 luglio

## Vinicio

***Significato***: incerto, forse "che apprezza il vino"
***Origine***: latina
***Onomastico***: 1° novembre

## Viola

Violetta

***Significato***: di colore viola, bella quanto una viola
***Origine***: medievale
***Onomastico***: 1° novembre

## Violante

***Variante di Iolanda (vedi)***

## LETTERA "V"

# Virgilio

Virgilia, Vergiglio

*Significato*: incerto, potrebbe voler dire "propizio alla navigazione"
*Origine*: forse etrusca
*Onomastico*: 27 novembre

# Virginia

Virginio, Verginia, Verginio

*Significato*: vergine
*Origine*: latina
*Onomastico*: 22 aprile e 7 maggio

# Vitale

Vitalia, Vitalina

*Significato*: che abbia lunga vita
*Origine*: latina
*Onomastico*: 4 novembre

## Vito

Vita, Vida, Vido

*Significato*: vita, oppure bosco (anche lontano)
*Origine*: latina e germanica
*Onomastico*: 15 giugno

## Vittorio

Vittoria, Vittorino, Vittorina, Vittore, Vittoriano, Vittoriana, Vettore

*Significato*: vittorioso
*Origine*: latina
*Onomastico*: 8 maggio

## Viviana

Viviana

*Significato*: latina
*Origine*: che ha una lunga vita
*Onomastico*: 2 dicembre e 28 agosto

## Vladimiro

Wladimiro, Valdimiro, Vladimira, Wladimira, Valdimira

*Significato*: famoso per il suo potere
*Origine*: slava
*Onomastico*: 15 luglio

## Wally

*Significato*: che protegge i morti in battaglia
*Origine*: germanica
*Onomastico*: 25 febbraio

## Walter

***Nome inglese corrispondente all'italiano Gualtiero***

## Wanda

Vanda, Vando, Wando

*Significato*: oscuro
*Origine*: polacca
*Onomastico*: 17 aprile

## William

***Nome inglese corrispondente all'italiano Guglielmo***

## Wilma

***Forma abbreviata tedesca di Wilhelma***

## Wolfango

Volfango

*Significato*: che avanza come un lupo, cioè un guerriero audace
*Origine*: germanica
*Onomastico*: 31 ottobre

## Zaccaria

*Significato*: dio si è ricordato
*Origine*: ebraica
*Onomastico*: 15 marzo

## Zaira

*Significato*: fiore
*Origine*: araba
*Onomastico*: 1° novembre

## Zeffiro

Zefira, Zeffirina, Zefirino, Zeffirino

*Significato*: brezza primaverile
*Origine*: greca
*Onomastico*: 27 novembre

## Zeno

Zena, Zenone, Zenia, Zenio

*Significato*: di zeus (cioè della massima divinità greca)
*Origine*: greca
*Onomastico*: 12 aprile

## Zita

*Significato*: giovane donna
*Origine*: toscana
*Onomastico*: 27 aprile

Z

LETTERA "Z"

## Zoe

Zoa

*Significato*: vita
*Origine*: greca
*Onomastico*: 5 luglio

Innanzitutto grazie per essere arrivata/o fin qui, ti volevo far sapere però che le sorprese non sono finite!

Ho deciso infatti di regalare a tutti i miei lettori il libro "Diario di Gravidanza", per averlo non dovrai far altro che scansionare il QR code o cliccare sul link qui sotto.

https://jo.my/syqltk

# Diario di Gravidanza

Printed by Amazon Italia Logistica S.r.l.
Torrazza Piemonte (TO), Italy

50215675R00123